日本語と中国語のやりもらい表現

日中対照言語学会

白帝社

巻頭言

『やりもらい』特集が刊行された！　朗報である。日本語の「やりもらい」の使い方は複雑で、外国人学習者には頭痛の種である。「やりもらい」は日本語の一大特徴でありながら、論文集という形で出版されることは珍しい。今回は日中対照研究の視点からの研究論文集であり、中国人学習者向けの日本語教育において、40年以上の「やりもらい」(日中対照)の研究の総括編であり、画期的な意味を有する。

小生は 40 年前、はじめて来日したころ、大阪のおばあさんに道を尋ねた時、感心した。日本語の教科書で習ったのは「左に曲がったらすぐ」。なんとその大阪のおばあさんは「左に曲がってもらいはったら」と道を教えてくれたのだ。生きた日本語だな感心した。「～はる」は関西では「なさる→なはる→はる」からきた尊敬語尾だ。小生の「やりもらい」の研究は「左に曲がってもらいはったら」の一言から出発した。とりわけ「～テクレル」構文に興味をもっている。「娘はやっと結婚する気になってくれた」「彼はよくがんばってくれた」は「期待どおりに」の線で学習者に説明すれば分かりやすい。「今日はよく来てくれました」は相手への感謝の気持ちが読み取れる。小生は日本語の配慮表現の視点から「～テクレル」構文を含めた受益表現として研究し、20数年前『日本語の配慮表現に関する研究』(和泉書院)の題で出版した。

中国語との対照研究を通して判明した日本語のもう一つの特徴は、人称代名詞の省略である。「伝えておきます」の場合、「あなた」「わたし」「彼・彼女」を省略しても通じる。実は文末に用いられる「やりもらい」

は人称代名詞の省略と大きくかかわる。「答えてもらう」「がんばってもらう」などのように、人称代名詞を使わなくとも話者と相手との関係が分かる。さらに「教える」と「教わる」、「預かる」と「預ける」のような動詞が豊富であるため、「人称代名詞を使わなくともよい」表現が世界言語においても珍しい言語事象となっている。

『やりもらい』特集の出版と同時期に、日中対照言語学会研究誌『日中言語対照研究』26号(白帝社)、日中対照言語学会会員を中心とする執筆者による豪華論文集『日中対照言語学研究論文集(第2巻)』(和泉書院)が刊行され、“三箭齐发”の勢いで日中対照言語の研究を盛り上げようと奮闘している。

最後に執筆者各位、本学会『日本語と中国語のやりもらい表現』特集委員長・王学群先生、副委員長・趙海城先生、委員・馮一峰先生に感謝の意を表する。

日中対照言語学会会長　　彭飛(ポンフェイ)

2024年1月26日

目次

[日本語研究]

「してくれる」を述語とする文
—その文構造と場面構造の特徴—
On the benefactive sentences with *site-kureru* predicates

工藤　真由美
KUDO Mayumi

要旨　The aim of this paper is to discuss the characteristics of *site-kureru* constructions in conversation and narrative text (a novel written in the third person). Broadly speaking, *site-kureru* constructions have two different meanings or functions. Basically, the *site-kureru* construction expresses a volitional action performed for the benefit of others. On the one hand, it represents an involuntary event that the speaker perceives as a benefit. Furthermore, when the recipient of benefits is generalized, it also represents the usefulness of things.

キーワード：利益の与え手　利益の受け手　意志的動作　非意志的事象
視点（立場）　話し手の心理的態度　場面構造

1.　はじめに—問題のありか—

(1) 言語活動の基本的単位が＜文＞であることに異論を唱える人はいないであろうが、近年のプラグマティクスの発展によって、実際の使用の中で生きて働く＜発話としての文＞を研究することの意義が明らかになってきている。これは、＜構造としての文＞の側面だけではなく、具体的な場面・文脈に関係づけられた＜発話としての文＞の側面をも考察しなければならないことを意味する。

松下（1928）以来、教科研東京国語部会・言語教育研究サークル（1963）、宮地（1965）、鈴木（1972）、久野（1978）、村上（1986）、高見（2000）、山田（2004）、益岡（2021）等により、様々な研究成果が蓄積されてきているが、本稿は、ディスコース・プラグマティックな観点から、「してくれる」を述語とする文の構造的特徴と場面的特徴を考察する。

(2) 現代日本語の動詞には、＜利益・恩恵性＞の面から、人と動作や事象との関わりを表し分ける次のような3つのタイプの形式がある。

A）してやる、してあげる、してさしあげる

B）してくれる、してくださる

C）してもらう、していただく

これらの形式はすべて、基本的（典型的）には、＜意志動詞＞に限定されて、＜他者の利益のために行う意志的動作＞を表す。従って、「助けてやる、助けてくれる、助けてもらう」「いてやる、いてくれる、いてもらう」とは言えても、「助かってやる、助かってくれる、助かってもらう」「あってやる、あってくれる、あってもらう」とは言えない。＜意志動詞＞であれば、他動詞でも自動詞でもよく、また「可愛がる」「いる」のような、心理的態度や存在（滞在）を表す動詞でもよい。本稿では、心理的態度や存在も含めて、＜意志的動作＞を広義に使用する。

A）「してやる」を述語にする文（以下、簡略化してシテヤル文という）と B）「してくれる」を述語とする文（以下、シテクレル文という）は、以下に示すように、＜利益の与え手＞である＜動作主体＞（「読む」という意志的な動作のし手）が主語となる点では共通する。

A）先生は（が）　みんなに　本を　読んでやった。
　＜主語＞　＜補語＞　＜補語＞　＜述語＞
　＜利益の与え手＞　＜利益の受け手＞
　＜動作主体＞

B）先生は（が）　みんなに　本を　読んでくれた。
　　＜主語＞　＜補語＞　＜補語＞　＜述語＞
　　＜利益の与え手＞　＜利益の受け手＞
　　＜動作主体＞　≪話し手の視点（立場）≫

シテヤル文とシテクレル文の違いは、既に指摘されているように、A）シテヤル文では、利益の受け手が話し手である場合は使用できない一方、B）シテクレル文は、＜利益の受け手＞が＜話し手（一人称）＞の場合に使用され、また、話し手以外であっても、＜話し手の視点（立場）＞が利益の受け手にある場合に使用される（従って、主語が話し手であることは無い）点にある。視点という用語は様々な意味で使用されるため、本稿では、シテクレル文における場合を＜話し手の視点（立場）＞（簡略化して＜視点（立場）＞）としておく。

C）「してもらう」を述語とする文（以下、シテモラウ文という）は、利益の受け手が主語になる点で、シテヤル文およびシテクレル文と対立する。＜意味構造＞からは、「先生」が＜利益の与え手としての動作主体＞であり、「みんな」が＜利益の受け手＞である点では同じであるが、どちらを主語にするかという＜文の機能構造＞が異なっている。

C）みんなは（が）　先生に　本を　読んでもらった。
　　＜主語＞　＜補語＞　＜補語＞　＜述語＞
　　＜利益の受け手＞　＜利益の与え手＞
　　　　＜動作主体＞

このように A）B）C）のタイプはそれぞれ違っているのではあるが、すべて、＜利益の与え手である意志的な動作主体＞と＜利益の受け手＞が存在する点では共通する。どちらも＜人＞である。

しかしながら、既に指摘されているように、シテクレル文には、次のように、主語が＜物＞の場合がある。以下の例の「アイリス」「本」は、他者に利益（恩恵）を与えるという意図性のある意志的動作主体ではない。このような場合は、＜利益の受け手＞は、a）のように＜話し手＞に限定されるか、b)のように一般化される。

a)私は、サン=レミでゴッホが入院していた精神病棟があった修道院跡地を訪ねた。
周辺には、方々にオリーブ畑と糸杉があり、修道院の入り口では、いまはもう花を落としてしまったアイリスが出迎えてくれた。どれも、ゴッホがカンヴァスに描きとったモチーフである。
（いちまいの絵）

b)「とにもかくにも読むことだ。本はいろいろなことを教えてくれる。古人にも解らなかったことが沢山書いてある。それを生きているうちに一つでも解くのが我々のつとめだ。学問というのはそういうものだ」　（花埋み）

以上のように＜利益の与え手としての意志的な動作主体＞ではない場合には、利益の受け手が＜人＞ではあっても、それを主語とするシテモラウ文に言い換えにくい。人間は、物の動きや変化、あるいは特性からも利益（恩恵）を感じ取ることがあるわけであるが、このような恩恵性をシテクレル文は表すことがある。典型的なシテクレル文から、このようなシテクレル文がどのように派生してくるか、これを、具体的な＜場面＞の構造とのむすびつきの中で考察することが本稿の目的の第一である。

(3)以上は、基本的なディスコースのタイプである日常会話を中心とする、話し手と聞き手の相互行為としての＜はなしあい＞の場合である。利益の与え手としての動作主体（人）と利益の受け手（人）が存在する典型的なシテクレル文は、「三人称小説の地の文」のような＜かたり＞というディスコースのタイプでも有効に機能する。かたりでは、利益の与え手も受け手も三人称者に限定され、「私」と名乗るものはいないのだが、潜在的な＜語り手＞がどの登場人物に寄り添うかを示すことになる。次の例は、秋山兄弟が主たる主人公となる三人称小説『坂の上の雲』（司馬遼太郎）からの引用である。

・士官学校では、寺内正毅大尉に面会し、自分の合格をたしかめた。

「伊予松山の秋山好古じゃな」

寺内はよく覚えていて、合格している、といってくれた。

三人称小説では、語り手は中立的な立場をとることもあれば、特定の登場人物に寄り添うこともあるのであるが、上記の例では、＜語り手の視点（立場）＞は、利益の受け手である「秋山」という主人公にあるといえよう。(「いった」であれば、中立的な視点であり、「いってやった」であれば、主語である利益の与え手の「寺内」に視点がある、ということになる。)

シテクレル文の特徴の考察においては、＜はなしあい＞か＜かたり＞かというディスコースのタイプを考慮しておくことも必要不可欠である。この点を明らかにすることが本稿の目的の第二である。

(4) 以下、2.1 のような典型的なシテクレル文からはじめて、次の順に述べて行く。

2.　主体が他者の利益のためという意図性をもって意志的動作を行う場合

　2.1　はなしあいの場合

　2.2　かたりの場合

3.　動作主体に他者の利益のためという意図性がない場合

4.　非意志的事象の場合

なお、以下の考察にあたって必要な留意点は次の通りである。

第 1 は、待遇性に関わる問題である。日常会話のような＜はなしあい＞では、冒頭に示した待遇性を含む 7 つの形式が使用されるが、小説の地の文のような＜かたり＞では、「してやる」、「してもらう」、「してくれる」の 3 形式に限定される。＜はなしあい＞では、「してやる」の使用が限られてきており、目下であっても「してあげる」の使用が普通になっているが、三人称小説を中心とする＜かたり＞では「してあげる」が使用されることは無い（内的独白や一人称小説、エッセーは別である)。この事実も、ディスコースのタイプを考慮に入れる必要があることを示している。第 2

は、叙述文であるか、命令文・依頼文あるいは決意文であるか、あるいは質問文であるかという、通達的な観点からみた文のタイプの問題である。決意表明である「きっと出世してやる」のような恩恵性に関わらない用法等があることが既に指摘されているが、待遇性の問題も、この文のタイプと絡み合っていると思われる。

本稿では、待遇性自体に関わる問題は対象とせず、叙述文に限定して考察する。また、恩恵性に関わる場合に限定する。

2.　主体が他者の利益のためという意図性をもって意志的動作を行う場合

2.1　はなしあいの場合

(1) シテクレル文は、話し手以外の人が、話し手あるいは話し手の視点（立場）がおかれる人の利益のために行う意志的な動作を表すのが基本である。

話し手と聞き手の相互行為としての＜はなしあい＞では、＜利益の与え手＞は、聞き手（二人称者）か三人称者である（＜利益の受け手＞については後述する）。

＜利益の与え手が聞き手の場合＞

・「あ。合格通知だ」
森宮さんは封筒を開ける前にそう言った。
「まあね」
「わざわざ見せに来てくれたんだ」　（そして、バトンは渡された）

＜利益の与え手が三人称者の場合＞

・「君は自分のことばかり言っているけど、少しはエディさんのことも思いやってやれよ。この一年、とにかく一緒にやってきてくれたんだ。それに対して、君はこれまで何ひとつ酬いることができなかった。(後略)」　（一瞬の夏）

主語となる＜利益の与え手＞（以下の例の波線部分）の観点から見れば、

他者に利益を与えるという意図性をもって意志的動作を行う主体を表すため、次のように、その意図性や意志的動作の様態を具体化する形式（二重線部分）との共起がある。この点は、後述するように＜かたり＞というディスコースのタイプで有効に機能する。

・「あなたいかがです。せっかく吉川の奥さんがあなたのためにといって贈ってくださったんですよ」 （明暗）

・「そうですか。しかし、酔っぱらいの客にねばられているようなときは困るでしょうね？」
「ええ、そういうこともあります。でも、そんな時は、友だちがさりげなく代ってくれますから」 （霧の旗）

・「こうなったら、都ホテルに行くしかないぜ。博士はバルコニーに現れて、われわれにきっと手を振って挨拶してくれるはずだ」
（孤高の人）

・「黒沢さんというお友達の車なの。きょう、お姉さんたちを羽田に迎えに行くって言ったら、この車で行きなさいって貸してくださったの」 （四季・布由子）

以上の例では、場面・文脈上、利益の与え手は、自発的に、「贈る」「代わる」「挨拶する」「貸す」という動作を行っているが、次の例では、波線部分が示すように、依頼されて意志的動作（「貸す」「引き受けようと言う」「教える」）を行っている。3番目の例では、警察が自発的に教えた可能性も排除できないが、プラグマティックな社会常識から、依頼されて「教える」という動作を行ったと考えるのが普通であろう。

・「ユノーに車を借りるわ。ガソリンを一杯にして返すって言ったら、きっと貸してくれるから」 （海辺の扉）

・「いろいろ当たってみたが女学生は断ると言うて応じて呉れぬ」
「……」
「ただ、一つ、下谷の好寿院だけが、引き受けようと言うて呉れた」
（花埋み）

・「なぜ灰藤先生が犯人だと思ったんだ？」
「警察が教えてくれたんですよ」　（同級生）

次の場合は、場面・文脈がない限り、大学生や彼女の自発的行為なのか依頼されての行為なのかは分からないが、どちらであっても、利益の与え手が、他者の利益のために意志的動作を行う主体であることは共通している。

・「隣の部屋に泊まっているアメリカの大学生が手伝ってくれたのです。お礼は、彼にしてあげてください」　（愉悦の園）
・「荷物はもう届いているよ。彼女が取りに行ってくれたんだ」　（愉楽の園）

(2) 次に、＜利益の受け手＞の観点からは、上記の例が示すように、話し手自身の場合もあれば、「われわれ」という話し手と聞き手の両方の場合もあり、聞き手の場合もある。また、下記のような、三人称者の場合もあるが、すべて、話し手の視点（立場）は利益の受け手にある点で共通している。（聞き手の場合の例も追加しておく。）

＜聞き手（二人称者）＞

・「小柴さんの奥さん、よく８年も待っててくれたわね」
「ほんまに。私はてっきり逃げられるもんやと覚悟してましたけど、待っててくれたんですなァ」　（花の降る午後）
・「そう。私の勘、当たってたでしょ。雨宮君、優子ちゃんのこと大事にしてくれてる。でしょ」
「それは、そうだけど」　（そして、バトンは渡された）

＜三人称者＞

・「（前略）スワンニーは、養父と養母に対して凄く感謝してる。華僑でありながら、タイ人の養女を大学まで進めてくれたんだからな」　（愉楽の園）

以上の最後の例では、点線部分から分かるように、感謝という心理的態度の持主は、利益の受け手としてのスワンニーという養女であり、話し手自身ではない。

一方、次のような場合は、「愛する」という動作の利益の直接的な受け手は「六花」という犬（ペット）であるが、恩恵（感謝）という心理的態度自体の持ち主は、飼い主である話し手自身であろう。

・「お礼？なんでですか？」（中略）
「あなたが、六花を本気で愛してくれたから」
「えっ、てことは、夏さんは……」
「そう、六花の元の飼い主なの」　（ライオンのおやつ）

以上はすべて、個別具体的な、意図性のある意志的動作の場合であったが、次のような時間が抽象化された＜反復・習慣＞の場合もある。

・「みっちゃんはさ、頼めば電球替えてくれるじゃない」
「それはもちろん」（中略）
「あたしが誘えば、遠慮せずにご飯を食べにきてくれもする」
（舟を編む）

・「いや、白樺湖の近くで一年中暮らしている人がいるんだけど、その人の手製だよ。自分で腸詰めのソーセージを作ったりする。機嫌がいいときは、頼むと分けてくれるんだ」
（ここに地終わり海始まる）

2.2　かたりの場合

シテクレル文は、登場人物が三人称者のみである＜かたり＞のディスコース（三人称小説の地の文）でも、効果的に使用される。次に示す『花埋み』（渡辺淳一）は、日本最初の女医である荻野吟子を主人公とする小説である。三人称小説の地の文では、＜語り手＞は中立的な立場をとることもあれば、主人公の立場に寄り添うこともあるのであるが、次の例のように、シテクレル文（「見送りに来てくれた」「賛成してくれた」「説得してくれた」）では、主要な登場人物である主人公に視点を置き、主人公の吟子の立場に寄り添うことになる。

・出立となって、門口にかねとやい、そして姉の友子が見送った。友子は東京へ行くと聞いて、熊谷からわざわざ泊まりがけで見送りに来てくれたのだった。

「いよいよ行くのですね」

「姉さん、済みません」

今度の東京行に兄姉の中で友子だけが賛成してくれた。友子がかよを説得してくれたので、どうやら夜逃げではなく表から出ることだけは出来たのだった。

同時に、シテクレル文では、「友子」（波線部分）という＜利益の与え手としての意志的動作主体＞（波線部分）が主語に据えられることから、その＜意図性＞や＜動作の様態＞（二重線部分）も具体化される。

一般的に言って、小説の地の文では、日常会話のような＜はなしあい＞よりも文構造が複雑な場合が多い。次の場合の二重線部分は、すべて、主語に据えられている利益の与え手の意志的動作の＜様態＞が具体化されている。

・「あら、そう」「まあ、そう」
血色のよくない頬に微笑を刻みながら、聖子はただ言葉少なくうなずいてくれた。もともと桃子はこの姉が嫌いではなかった。
（楡家の人々）

・「やあ、お疲れ様」
おじさんが片手を上げて迎えてくれた。（山女日記）

・馬締と荒木は駅まで歩くことにし、日没前に松本先生の家を辞した。先生は奥さんとともに、門口まで出て見送ってくれた。（舟を編む）

・夫人のほうが、お菓子を召し上がらないかと笑顔ですすめてくれた。
（ドナウの旅人）

・「トシ子の家を教えてくれ」
「トシ坊なら、ここから二百メートルほど先の富士見荘というアパートよ」女の子は気軽に教えてくれた。（冬の旅）

次の場合は、「体温計を渡す」という利益の与え手である動作主体の行為の前提となる継起的動作（二重線部分）が具体化されている。

・保健助手は不機嫌な口調ではいってくると、行助をベッドに助けあげ、体温計を渡してくれた。　（冬の旅）

2.3　まとめ

以上をまとめると次のようになる。

①＜はなしあい＞というディスコースのタイプでは、シテクレル文は、基本的に、話し手自身あるいは話し手の視点（立場）がおかれる他者に、利益（恩恵）を与えるという意図性のある意志的動作を表す。

②＜かたり＞では、シテクレル文は、＜語り手＞の視点（立場）がおかれる主要な登場人物に利益（恩恵）を与えるという意図性のある意志的動作を表す。この場合の利益の受け手としての登場人物は、主人公であるのが基本的である。

③ディスコースのタイプの違いによって、以上のような違いがでてくるが、どちらも、他者の利益のためという意図性のある意志的動作を表す点では共通する。

3.　動作主体に他者の利益のためという意図性がない場合

(1) シテクレル文が、主体のコントロールが可能な＜意志動詞＞であっても、＜はなしあい＞の場面・文脈上、他者の利益のためという意図性が無い場合がある。

次の例において、聞き手（二人称者）である「博士」自身には、点線部分から分かるように、利益（恩恵）を与える意図性は無かったのであるが、話し手自身にとっては、結果的に、博士の存在が有益だったわけである。このようなシテクレル文では、感謝（恩恵）の気持ちという＜話し手自身＞の心理的態度が前面化してくる。

・「いいえ、博士がいてくれたおかげで、大事に至りませんでした」
「本当に？僕が役に立ったのかい？」　（博士の愛した数式）

次の場合も同様であろう。主語の位置にある「亡くなった妻」「インドの先生」には、他者に利益を与えるという意図性は無い。ここでも、＜話し手の心理的態度＞が前面化してきている。

・「こうしてあなたとお目にかかるのも何かの縁でしょう」と家福は言った。「亡くなった妻が引き合わせてくれたのかもしれない」
（ドライブ・マイ・カー）

・「偉大なインドの先生が神様の手帳に書かれた 0 を発見して下さったおかげで、それまで開かれなかったページが、パラパラとめくれていったというわけですね」（博士の愛した数式）

(2) このような現象は、シテモラウ文にもある。

シテモラウ文では、次のように、利益の受け手が＜主語＞になるが、＜補語（非主語）＞になっている意志的な動作主体（医者、お兄さん、壮吉さん、希代子）に、他者のために意志的動作を行うという意図性があるのが普通である。（最初の 3 例は＜はなしあい＞であり、最後の例は＜かたり＞である。）

・「きのう、気分が悪くなって、医者にきてもらったんだ。（後略）」
（朝の歓び）

・そして昼はキラキラ光る八代海で、親戚のお兄さんに泳ぎを教えてもらい、夜は夜釣りにつれていってもらって、毎日が楽しくて仕方ありませんでした。（深い河）

・「ここの家族はやっぱり近代的やと、おれ、思います。人間関係がありきたりじゃないから感じいいなァ。とおれ、思ってる。うまくいえないけど……」
「まあまあ、秀世さん、壮吉さんにほめてもらっているのよ。あなた、何かサービスしなさいよ」（海の図）

・八重はあらためて耕介の横顔を見る。結婚式の写真を希代子から見せてもらったことがあるが、あのときの耕介は痩せて神経質そうな印象があった。（霧の子午線）

しかし、次のシテモラウ文では、点線部分から分かるように、「他者にいい話を聞かせる」という恩恵的な意図は、良介には全く無く、場面構造上、他者を無視して自分たちだけの話をしていたのである。しかし、傍らでそれを聞いた話し手（大垣老人）にとっては有益だったわけである。従って、話し手自身の心理的態度として＜感謝の気持ち＞が表明されていると言えよう。

・「失礼しました。お二人のお話に割って入ったりして」
　と頭を下げた。
　「いや、こちらこそ失礼しました。自分たちだけの話をして」
　と良介は言った。
　「いや、いいお話を聞かせていただきました。私に足りなかったのは、明るさだとわかりました」
　大垣老人はそう言った。　（朝の歓び）

次の場合には、両方の形式が共起している。動作主体に他者の利益のためにという意図性が無かったことは点線部分に示されている。

・「イタリア旅行のことは、ぼくの気まぐれだ。さつきが、何かお返しをする必要はないんだ」
　「江波さんの気まぐれでも何でも、私は助けていただいたし、ポジターノのすてきな何日間まで与えて下さったんですから」
　（海辺の扉）

以上の事実は、動作主体が自分の動作がもたらす他者にとっての利益・恩恵に無関心であっても、＜話し手＞が、結果的に、その動作に恩恵・利益を感じ取ることもありうるということを示している。従って、＜はなしあい＞のディスコースに限定される。

なお、次のような場合がある。動作主体である「優子」には他者のためという意図性は無く、従って、＜話し手自身の感謝の気持ち＞を表すことになるのではあるが、この場合は、話し手の妻の形見である「ピアノ」に託して、話し手の感謝の気持ちを間接的に表明していると言えよう。

・「（前略）このピアノ、前の妻が子どもの時から使っていた古いものだから、音が時々狂うんじゃないかなと」
「おじさんもピアノできるの？」
「いや、全然。妻が亡くなってからは誰も引く人がいなかったから、優子ちゃんが弾いてくれてピアノも喜んでる」

（そして、バトンは渡された）

(3) 以上述べた、他者のためという意図性のない意志的動作に対する恩恵性や感謝の気持ちという＜話し手の心理的態度＞は、限定された＜場面＞（あるいは文脈）のなかで生じるプラグマティックな＜場面的な意味＞であると思われる。＜文構造＞自体は、典型的な場合のシテクレル文（あるいはシテモラウ文）と同じなのである。

しかし、次に述べる＜非意志的な事象＞を表すシテクレル文になると、非意志動詞であったり、主体が＜物＞であるという＜文構造＞の違いがある。従って、利益を与えるという主体の意図性だけでなく、主体がコントロールできる動作でもない。そして、シテモラウ文では、このような展開は弱いと思われる。

4.　非意志的事象の場合

(1) 非意志的事象の場合、大きくは、次の 2 つのタイプがあると思われる。（ただし、意志動詞と非意志動詞がそうきっぱりと分かれるものではない点は、宮島 1972 等で指摘されている）

①非意志動詞のシテクレル文である場合

②動詞自体は意志動詞であっても、主語が＜物＞＜事＞である場合

(2) まず、①の場合は、次のように、＜個別具体的な事象＞に対する＜話し手の心理的態度＞を表すことになる。「してくれればいい」のようなモダリティー形式や「してくれて嬉しい」のようなかたちで使用されることが多い。

・「おかえりなさい。そうカリカリしないで。早瀬君と夕飯用意した

んだよ」（中略）

「放浪しながら覚えた料理だろう？ちゃんと胃に収まってくれるのかな」　（そして、バトンは渡された）

・「嫌な事件だわ。早く片付いてくれればいいのに」　（宿命）

以上は、主語が＜物＞や＜事＞であるが、次のように＜人＞の＜非意志的な事象＞の場合もある。次の場合は、人ではあるが、赤ちゃんである。

・「はるがいてくれて、とても幸せです」

凪子ははるを抱き取るのと引き替えに、連絡先が書かれたメモ用紙を多田に渡した。　（まほろ駅前多田便利軒）

次の場合も、主体（人）がコントロールできるという典型的なかたちでの意志性は無い。

・「きのう、家に電話をかけたら、良介のお父さまがお越しになって、庭の手入れをして下さったそうです。良介のお父さまと、私の父とが、仲良しになってくれて、とても嬉しいです」　（朝の歓び）

・それから、彼女は少し姿勢を正すと、じーっと私を見て、言った。

「しーちゃんが優しい人に育ってくれて、お母さん、心から幸せです」　（ライオンのおやつ）

・耳の掃除をしてくれながら、父が、そっと、私に語りかける。父は若い頃、音楽家を目指していた。

「（前略）でも、そんなことになって、きっぱりプロのチェロ奏者になるのは断念したんだよ。（中略）しーちゃんが、お父さんにとってはチェロ以上の存在になってくれた」　（ライオンのおやつ）

次の例の動詞「成仏する」は、意志動詞とも非意志動詞とも考えられる。意志性がありうると考えれば、前述の、他者の利益のためという意図性のないタイプに入ることになるが、どちらであっても、話し手の心理的態度の方が前面化する点では共通する。

・「（前略）そうだ、印度に来てここまでやれば、死んだ女房も成仏してくれるでしょう」　（深い河）

三人称小説の地の文では、登場人物の＜内的独白＞の箇所で使用される。

・結婚のことを切り出して、食事がとまるのもよくない。私たちは、最近のニュースだとか、私の職場の人の話だとか、とるにたらない話をしながら食べた。おいしい食事があれば、空気は滞らずに流れてはくれる。和やかだとまではいえないけれど、みんなで全部きれいにたいらげた。（そして、バトンは渡された）

・文を取り返しのつかない苦しい場所へと押し出す手伝いをしてしまった自分が、文の幸せを願っているなんてちゃんちゃらおかしい。けれど願っているのだ。心から、今、幸せでいてくれますようにと。（コンビニ人間）

なお、「私」が登場する一人称小説の地の文であれば、次のように、地の文でも使用できる。

・「うそでしょう？おもしろすぎる」
早瀬くんの話は十分愉快なようで、梨花さんは何度も笑ってくれた。（そして、バトンは渡された）

「してくれ」「してください」という形式が、＜意志動詞＞の場合には、相手に実行を求める依頼文になるのに対し、＜非意志動詞＞の場合には、話し手の＜願い（祈り）＞を表すことが既に指摘されているが、上記のようなシテクレル文は、これに準じると言えよう。

(3) 次に、②の場合であるが、次のような「動く」「力になる」は、主語が人であれば、他者の利益のための意志的動作を表す（表しうる）が、主語が＜物＞＜事＞であるがゆえに、話し手（話し手を含む人たち）にとって望ましいという恩恵の気持ちを表すことになっていると言えよう。（トンボはグランド整備用品のことである。）

・トンボを動かすのに苦心している私に、浜坂君がトンボを引いて見せた。「なるほど……。野球部のみんなとか、すいすい動かしているから、もっとスムーズに気持ちよく動いてくれるかと思ってた」（そして、バトンは渡された）

・「布由ちゃんはマスコミでうんと働いて、うんと売れて、そして有名になってほしいの。そうすれば、その知名度が私たちの運動のためにとても大きな力になってくれるかもしれないから」

（四季・布由子）

このタイプの場合は、下記の例のように、利益の受け手が一般化されて、＜組織＞（陶器メーカー、ポンピドゥ・センター）や＜物＞が、＜有益性＞の面からの＜特性＞（恒常的な性質）を有していることを表すようになる。3 番目の例では「本」自体も一般化されている。

・「ねえ、御存知？この陶器のメーカーだけど、ソーサー1 枚、カップ 1 個でも売ってくれるのよ。だから、毀れても心配ないの」

（百年の預言）

・パリにある美術館の中で、近・現代美術史に名を残したアーティストの作品を数多く収蔵しているのがポンピドゥ・センターである。（中略）アーティストの名前だけではなく、「テーマ」で展覧会を観る楽しさを、存分に教えてくれるのだ。　（いちまいの絵）

・「とにもかくにも読むことだ。本はいろいろなことを教えてくれる。古人にも解らなかったことが沢山書いてある。それを生きているうちに一つでも解くのが我々のつとめだ。学問というのはそういうものだ」　（花埋み）

(4) 以上のように、＜非意志的事象＞への＜話し手の心理的態度＞を表す場合はシテクレル文が使用されるが、次のようなシテモラウ文も無いわけではない。典型的な＜物＞＜事＞ではなく、＜生き物＞である。

・「その反対でして……むかし、ぼくは九官鳥に命を助けてもらいましてね。今度はそのお返しをするんです。（後略）」　（深い河）

鈴木（1972）において、「シテモラウ」形式は、意志動詞であるのが原則だが、「ここいらで一雨ふってもらわないとこまる」のように自然現象などを表す動詞ももちいられることがあると述べられている。高見（2000）でも、「台風に早く通り過ぎてもらって、ホッとしたよ」という作例が挙げられている。自然現象の場合に、シテモラウ文が使用される場合も無いわけではないと思われるが、＜非意志的事象＞の場合には、基本的にはシテクレル文の方が使用されやすいと言えよう。

5.　おわりに

以上をまとめると次のようになる。

1) 現代日本語には、人と動作や事象との関わりを＜利益・恩恵性＞の面から表し分ける 3 つのタイプの形式「してやる」「してもらう」「してくれる」を述語とする文がある。この 3 つの文は、基本的に＜意志動詞＞に成立する。

2) シテクレル文は、他者に利益（恩恵）を与えるという意図性のある意志的動作主体が、文の機能構造上の＜主語＞になる点でシテヤル文と共通するのだが、利益（恩恵）の受け手は、話し手自身あるいは話し手の視点（立場）がおかれる人になる（従って主語が話し手であることは無い)。これが＜はなしあい＞という基本的なディスコースにおける典型的なシテクレル文の構造である。そして、三人称小説の地の文のような＜かたり＞のディスコースでは、語り手の視点（立場）が、利益の受け手としての登場人物（基本的には小説の主人公）におかれることになる。

3) シテクレル文が、＜非意志的事象＞に対する恩恵性という＜話し手の心理的態度＞を表す場合もある。この場合は、典型的なシテクレル文とは違って、述語が＜非意志動詞＞、あるいは主語が＜物＞や＜事＞になり、文構造が違ってくる。そして、利益の受け手が一般化されて＜有益性＞という物や事の特性を表し得るようにもなる。

4) ＜はなしあい＞の場面・文脈上、動作主体に他者の利益のためという意図性が無くても、その意志的な動作に対して結果的に、話し手が恩恵を感じとることがおこってくる。この場合、恩恵（感謝）の気持ちという＜話し手の心理的態度＞が前面化してくるが、文構造自体は典型的なシテクレル文と同じであり、場面構造に縛られたプラグマティックなもの

（場面的な意味）であろう。この場面的な意味は、シテクレル文が＜非意志的事象＞に対する恩恵性という＜話し手の心理的態度＞を表す場合への橋渡し的な役割を果たしていると思われる。

＜利益・恩恵＞の面から人と動作や事象との関わりを表す文においても、場面から切り離された構造的な図式としての文としてだけではなく、具体的な場面とのむすびつきのなかにある＜発話としての文＞として分析していくことが今後重要になってくると思われる。奥田(1996)が述べるように、「言語学がはなし・きき、よみ・かきの実践に近づいてきている」のであり、文構造の分析と場面構造の分析を相関的に行うことが有意義な成果をもたらすことになるであろう。

以上の本稿の考察は、叙述文の肯定の場合に限定されており、今後、否定文や命令文、希求文等も含めて、構文論的観点とディスコース・プラグマティックな観点からのさらなる総合的な追求が必要であると思われる。

なお、最後に、次のような間接話法という構造では、シテクレル文の主語が＜話し手＞の場合があることを提示しておく。

・「もしあの時本当のことを、せめて妊娠していることだけでも打ち明けてもらえたなら、たぶん違った対応をしていたと思います。彼女がそうしなかったのは、私が味方をしてくれるとは思わなかったからでしょう。」　(マスカレード・ホテル)

参考文献（主要なもの）

奥田靖雄(1979)　「意味と機能」『教育国語』58号(奥田靖雄『ことばの研究・序説』所収) むぎ書房.

奥田靖雄(1985)　『ことばの研究・序説』むぎ書房.

奥田靖雄(1996)　「発話について」(『奥田靖雄著作集・補遺編』所収) むぎ書房.

奥田靖雄著作集刊行委員会編 (2022)　『奥田靖雄著作集・補遺編』むぎ書房.

工藤真由美(1990)　「現代日本語の受動文」『ことばの科学・その4』むぎ書房.

工藤真由美(2002)　「日本語の文の成分」飛田良文・佐藤武義編『現代日本語講座』

第5巻 明治書院.
久野暲(1978)『談話の文法』大修館書店.
教科研東京国語部会・言語教育研究サークル(1963)『文法教育』むぎ書房.
佐藤里美(1992)「依頼文—してくれ、してください—」『ことばの科学5』むぎ書房.
鈴木重幸(1972)『日本語文法・形態論』むぎ書房.
澤田淳(2007)「日本語の授受構文が表す恩恵性の本質」『日本語文法』7巻2号 くろしお出版.
高見健一(2000)「被害受動文と「～にVしてもらう」構文—機能的構文論による分析」『日本語学』第19巻5号 明治書院.
益岡隆志(2021)『日本語文論要綱』くろしお出版.
松下大三郎(1928)『改撰標準日本文法（改訂版)』中文館書店.
宮島達夫(1972)『動詞の意味・用法の記述的研究』秀英出版.
宮地裕(1965)「『やる・くれる・もらう』を述語とする文の構造について」『国語学』63号.
村上三寿(1986)「やりもらい構造の文」『教育国語』84号 むぎ書房.
山田敏弘(2004)『日本語のベネファクティブ』明治書院.

V -テモラウ文における受益性
―会話コーパスの調査にもとづいて―
Beneficiency in “ V-*temorau* Sentences ”
—Report based on brief Survey—

早津 恵美子
HAYATSU Emiko

要旨　会話で用いられるV–テモラウ文のうち、聞き手が動作主体であるV–テモラウ文の性質について、「日本語日常会話コーパス」から得られた用例をもとに考察した。まず、このようなV–テモラウ文には、話し手（主語）の受益性が明瞭にうかがえるものとそうでないものがあり、それには「V–テモラウ」の形態論的な形が関わっていると思われることを確認した。そして、話し手の受益性が明瞭な V –テモラウ文については、受益性を表現する機能をはたしているものと、それにとどまらず、「V–テモラウ」の様々な形で述べることによって聞き手の動作の依頼の機能をもはたしているものがあることをみた。一方、話し手の受益性が明瞭でないV–テモラウ文については、様々な形で述べることによって聞き手の動作の指示や勧めの機能をはたしていること、発話される場面に特徴があること（聞き手の動作が“動作主どまり”であり、かつ話し手が聞き手の動作の適切性や価値を熟知しているような場面）、そして、V–テモラウ文のヴォイス性が希薄になる例があることをみた。

キーワード：会話における　V–テモラウ文　「V–テモラウ」の形態論的な形
受益性　発話機能　聞き手の動作の引き起こし

1.　はじめに

V-テモラウ文は、主語である人（以下、「主語者」とも）が他者の動作によって恩恵を受けることを表現するのが基本である。たとえば次の文において、《太郎ガ重イ荷物ヲ運ブ》ことによって、主語である「私」がその恩恵を受けること、つまり「私」が「受益者」であることがよみとれる。

(1)　私は太郎に重い荷物を運んでもらった。

しかし、主語者が必ずしも受益者とはいいにくい V-テモラウ文があることもよく知られている。(2)は山田（2004）で「非恩恵型テモラウ」とされているもの、(3)は崔（2012）で「行為要求の性質」をもつ文とされているものである[1)]。

(2)　ヘミングウェイは彫刻家ではない。忘れてもらっては困る。私は彫刻家なんだ。（山田 2004：p. 153 例(116)『エーゲ海に捧ぐ』）

(3)　（先生が学生たちに）「今学期からは期末試験の代わりにレポートを｛出してもらいます／出しなさい｝。」（崔 2012：p. 77 例(10)）

本稿では、これらも含め先行の諸研究に学びつつ、会話において用いられる次のようなV-テモラウ文、つまり、そのV-テモラウ文の聞き手が動作主体であるものに対象をしぼり、会話文の調査をもとにその性質を考えてみる。

(4)　「こないだの本、役に立った?」「いい本を紹介してもらって助かったよ。ありがとう。」《アナタガ私ニイイ本ヲ紹介スル》

2.　V-テモラウ文の主語者の受益性と本稿の目的

V-テモラウ文の表す基本的な文法的意味は、「主語である非動作主体が、補語である動作主体の動作によって恩恵を受ける」ということである。このことは、基本的には、動詞の種類や動作主体を表す補語名詞の格（ニ格、カラ格）とは関わらない性質であり、下のいずれの文にもうかがえる。

(5)　私は太郎に荷物を持ってもらう。　　　《太郎ガ（私ノ）荷物ヲ持ツ》

1　他に、堀口（1987）、仁田（1991）、姫野（1997）、山橋（2000）、日本語記述文法研究会編（2003）、崔（2009）、スチワロードム（2009）、権（2021）でも指摘されている。

(6) 後輩が先輩から本を貸してもらう。　《先輩ガ後輩ニ本ヲ貸ス》

(7) 僕は弟に荷物を取りに行ってもらう。　《弟ガ（僕ノ）荷物ヲ取リニ行ク》

(8) おばあさんが孫に肩を揉んでもらう。　《孫ガオバアサンノ肩ヲ揉ム》

(9) 私たちが皆に助けてもらう。　《皆ガ私タチヲ助ケル》

本稿で対象とするV–テモラウ文（会話におけるV–テモラウ文のうち主語が話し手であり聞き手が動作主体である文）にももちろん、主語者が受益者であることが明瞭な文がある。先の例(4)がそうであった（「(私があなたから）いい本を紹介してもらって助かったよ」)。

しかし、次の(10)、(11)のように、そのことが必ずしも明瞭でない文もある。

(10) 〔ワープロ操作の説明で〕「まずそれを選択して、次にエンターキーを押してもらえばオッケーです。」「あ、わかりました。」

(11) 「作業終わりました。」「ありがとう。じゃ、もう帰ってもらっていいよ。」「はい、では失礼します。」

この(10)、(11) において、主語である話し手は、動作主体である聞き手が《エンターキーヲ押ス》こと、《帰ル》ことによって恩恵を受けているとはいいにくく、これらのV–テモラウ文は、もっぱら話し手の受益性を表す、というのではなさそうである。これらのV–テモラウ文がなんのために発せられているのか、当該の会話においてどのような機能をはたしているかを考えてみると、(10) では、聞き手が《エンターキーヲ押ス》ことの話し手からの指示、(11)では、聞き手が《帰ル》ことの話し手からの勧めあるいは許可のように働いている。そしてこのような性質がみられることには、「V-テモラウ」の形態論的な形[2]（以下、単に「形」とも）が、(10) では

---

2 ここで「形態論的な形」というのは、単語の語形のうち、文法的な意味に関わる語形のことである。「帰ってもらう」についていえば、たとえば「帰ってもらった」「帰ってもらえた」「帰ってもらえば」「帰ってもらわなければ」「帰ってもらっていいです」はそれぞれ文法的な意味が異なるので、別々の形態論的な形である。それに対して、「帰ってもらわなければ」と「帰ってもらわなきゃ」、「帰ってもらっていいです」と「帰ってもらっていいっす」は、発話する場面や丁寧さが異なっているものの、文法的な意味は異ならないので、形態論的な形としては同じである。

「V–テモラエバ」（条件形）という形、（11）では「V–テモラッテイイ」（〜テイイ）という形になっていることも関係していそうである。

先述のように、V–テモラウ文のうちに主語者が受益者といいにくいものがあることは既に知られている。しかし、それがどのような条件の下で生じるのか、またどのような発話機能をはたしているのか、ということについては、ときに言及されてはいるものの、まだ考察の余地が残されているように思われる。

本稿では、会話で用いられる、聞き手が動作主体であるV–テモラウ文に対象をしぼり、話し手（主語）の受益性の明瞭なものとそうでないものがあることを確認したうえで、「V–テモラウ」の形態論的な形に注目しつつこのタイプのV–テモラウ文の性質、会話においてはたしている機能等について考える。

3.　先行研究と本稿における用例収集の方法

3.1　先行研究

V–テモラウ文についてこれまで非常に多くの研究がある。そのなかには、V–テモラウ文とV–テクレル文・V–テアゲル文との関係、V–テモラウ文と使役文・受身文との関係など、ヴォイス的な観点から論じられたものも多く、ゆたかな成果があげられている。ただしここではこれらについて紹介することはせず、本稿の考察に関わる点に触れられている 3 つの論考についてごく簡単に紹介する[3]。そして他の論考も含め、本稿の考察との具体的な関わりについては次節以降で適宜紹介することにする。

山田（2004）では、話者にとって不都合な事態を述べるV–テモラウ文を「非恩恵型テモラウ」とよび、非恩恵型テモラウには少なくとも次の 2 種があるとされる（pp. 153–155）。①「テハ節などの従属節内で用いられ、後件に感情表出表現が来る用法」（p. 153 例(116)「忘れてもらっては困る」）と②「「〜てもらってはいけない。」の形で現れ聞き手に対する働きかけを意図した表現」（p. 153 例(118)「しかし間違

3　3 つの論考においてはいずれも種々の点について論じられているが、この節で紹介するのは本稿の問題に関わることにとどめさせていただく。

ってもらってはいけない」[4] である。なお、「文末でたとえば「〜てもらった」という形式で表される場合には非恩恵型にはならない」（pp. 153–154 例(119) a「目の前で子どもを殴ってもらった。」）ことも指摘されている。また、上の①のタイプの V–テモラウ文の動作主体について「聞き手であることがもっとも典型的である」「新聞における解説調の文章では第三者へとずれ定式化している」(p. 159) とされている。

スチワロードム（2009）では、V–テモラウ文を意図性のあるものとないものとに大別し、意図性のある V–テモラウ文が 4 つのタイプ（依頼的、指示的、願望表出的、許容的）に分けられている。本稿との関係で興味深いのは、「3. 3 願望表出的「〜テモラウ」文」の冒頭の注として、「「〜てもらいたい」「〜てもらおう」という形式は、確かに話し手の意志・願望を表すが、動作主の聞き手が存在する発話では、依頼表現へ移行する可能性がある。このように解釈されうる文は、本研究では依頼的「〜テモラウ」文とする。」(p. 47、下線は早津）とされていることである。ただし、具体的な文例は示されていない。

また、権（2021:9–10）では、「「してもらう」文は基本的に主体への受益を表す文であり、受益性の顕現のありようによって次のようなバリエーションが認められる。」として次の 3 種が示されている。

1) 受益性が顕在的意味として文に含まれている場合：「してもらった」形

2) 受益性が未来に実現してほしい場合：「してもらいたい」形

---

4 この②の例(118)は『長江デルタ』（多田裕計）からの実例だが、「〜てもらってはいけない」という形は、①のタイプ（「〜てもらっては困る」等）に比べると、最近あまり用いられないのではないかと思われる。CEJC（日本語日常会話コーパス。収録時期は 2016 年〜2019 年）のほか、BCCWJ（現代日本語書き言葉均衡コーパス。データの時期はサブコーパスによって違いがあるが、最大 1976 年〜2005 年、メインとなる「書籍」は 1986 年〜2005 年]）と CSJ（日本語話し言葉コーパス。データの収録時期は開発プロジェクトの時期である 1999 年〜2003 年と思われる）のコーパスについて、「もらってはいけな」「貰ってはいけな」「もらっちゃいけな」「貰っちゃいけな」を文字列検索したところ（2023 年 5 月 13 日）、補助動詞としての「もらう」が使われている例は 1 例もヒットしない（「キャンディをもらっちゃいけない」など本動詞としての「もらう」の例はある）。なお、山田（同）には『長江デルタ』の発表年が示されていないが 1941 年の作品である。

3)受益性の実現を聞き手へ要求する場合：「してもらう（よ)」形・「してもらおう」形

そして、「受益性がうすまり、「する」文と類似した意味を表す文もある。」として次の文があげられ、受益性の「漂白化」(bleaching）ということが述べられる。

(12)「一緒に作業してもらい（生産者と消費者が）互いのことを理解し合う関係を作りたい」と吉岡さんは話す。（権 2021：p. 10 の例(12)、毎日新聞）

この文について権（同：10）は、「「作業してもらう」は、「させる」文にも、「してほしい」文にも変換できず、単に「作業する」という意味を表している。また、受益文の基本的特徴である、主語交替文の「してくれる」文にもならない。受益性が漂白化した表現といえ、もはや補助動詞の「もらう」の意味がうすれ、文を発する話者の「そうなってほしいという」気持ちを表すマーカーとしての機能を獲得していると言っても良さそうである。」とされていて、本稿で、話し手の受益性が明瞭でないV-テモラウ文の性質を考える際にもたいへん示唆的である。

3.2　用例収集の方法

会話文における V-テモラウ文を考察対象にするにあたり、国立国語研究所の開発した「日本語日常会話コーパス」(CEJC）から用例を収集した。収集にあたっては、CEJC のコアデータ・非コアデータを検索ツール「中納言」(2.7.2 データバージョン 2023.03）で検索した。検索は短単位検索で行い、キーなどの条件は次の通りである。

キー　：未指定[5)]

後方共起 1　キーから 1 語：助詞-接続助詞 AND　語彙素読み：テ

5　「キー」を未指定にしたのは次のような事情による。まず、「キー」を「動詞」にすると、「かわいがってもらう」(「～ガル」)、「持っててもらう」(「～テイテ」の縮約形)、「見といてもらう」(「～テオク」の縮約形）などが抽出されないこと、また、「キー」を「動詞-一般」にすると、「見る」「上げる」のように補助動詞としても使われる動詞に「モラウ」のついた「V-テモラウ」形（「見てもらう」「上げてもらう」等）が抽出できないことである。これらも広く抽出できるよう「キー」を未指定にした。

後方共起2 キーから2語：動詞-非自立可能AND 語彙素読み：モラウ

この検索条件に該当する例として 1,399 例が抽出された。ここからまず V-(サ)セテモラウ文[6] を除くと 1,301 例となる。これらについて、音声も適宜聞きながら[7]、動詞「V」の動作主体がその発話の聞き手であるか否かを確認すると、聞き手が動作主体であることが明瞭なものは229例であった。本稿ではこの229例を対象として考察する。

4. 「V-テモラウ」の形態論的な形の分布

聞き手が動作主体である V-テモラウ文について、発話された具体的な「V-テモラウ」の形態論的な形のヴァリエーションとそれぞれの用例数を表1に示した。

6 「V-(サ)セテモラウ文」を除いたのは、「V-(サ)セテモラウ文」における「V」の動作主体が聞き手である文はないためである。たとえば、「私は（聞き手であるあなた/あなた方に）きょうはこれで帰らせてもらいます。」という文における動詞「帰る」の動作主体は聞き手ではなく話し手である「私」である。

7 ただし、発話状況を全く正確に判断できたかどうか不安がないわけではない。

表1 聞き手が動作主体であるV-テモラウ文における「V-テモラウ」の形態論的な形とその用例数

類	V-テモラウの形態論的な形	用例数			備考（その他の形など）
Ⅰ類	V-テモラウ		8	10	V-テモライマス(ケド)/V-テモラッテル
	V-テモラッタ		1		
	V-テモライツツ		1		
Ⅱ類	V-テモラッ**テ【文末】**		61	121	連用形「V-テモライ」が文末であるのが1例
	V-テモラッ**テイイ(デス)**		10		V-テモラッテ(モ){カマワナイ/大丈夫/オッケー
	V-テモラッ**テイイ(デス)カ**		49		V-テモラッテ(モ){イイカナ/イイカシラ/イイッスカ}
	V-テモラッ**テスミマセン**		1		
Ⅲ類	V-テモラウ**トイイ**	5	18	33	
	V-テモラウ**ト{ワカル/Adjナル}**	10			V-テモラウト{コウナル/adj}
	V-テモラワ**ナイト**	3			V-テモラワナキャ
	V-テモラエ**バイイ**		12		V-テモラエバ{オッケー/コウナル}
	V-テモラッ**タラ{φ/ワカル}**		3		
Ⅳ類	V-テモラ**オウ**{カ/カナ}		12	19	
	V-テモライ**タイ**		7		
Ⅴ類	V-テモラッタホウガイイ		3	3	
Ⅵ類	V-テモラ**エ**ル?/モラ**エ**マス(カ)		6	32	V-テモラウコトガデキマス?が1例
	V-テモラ**エナイ?**/V-テモ**エ**マセン(カ)		6		
	V-テモラ**エテ**ウレシイ		1		
	V-テモラ**エレバ**{φ/イイ/ワカル}		15		V-テモラエレバ{オッケー/大丈夫}
	V-テモラ**エルト**{φ/イイ/アリガタイ}		4		
Ⅶ類	連体修飾（具体物を修飾）		6	11	
	連体修飾（「こと」「時」「よう」を修飾）		5		
	合計		229	229	

「V-テモラウ」の形態論的な形の特徴としてまず気づかれるのは、表1でⅠ類とした形、つまり「V-テモラウ／V-テモライマス」（非過去・肯定）、「V-テモラッタ」（過去・肯定）のようないわば単純な形のまま述語になっている例が非常に少ない

ことである[8)]、そのかわりに、Ⅱ類としたいわゆるテ形（「V−テモラッテ」）での言い切り（「V−テモラッテ【文末】」）、及びテ形を拡張した形（「V−テモラッテイイ（デス）」、「V−テモラッテイイ（デス）カ」等）、Ⅲ類とした条件形（「V−テモラウト」「V−テモラエバ」「V−テモラッタラ」等）、さらに、Ⅳ類とした話し手の意向や希望を表明するモーダルな形（「V−テモラオウ」「V−テモライタイ」）が多くみられる。Ⅴ類とした「V−テモラッタホウガイイ」もモーダルな形である。さらにⅥ類とした、「V−テモラウ」の可能形「V−テモラエル」、及びその様々な形（「V−テモラエル？」「V−テモラエナイカ」「V−テモラエテ（嬉シイ）」「V−テモラエレバ（イイ）」「V−テモラエルト（イイ）」等）の例、つまり可能形の例が229例中32 例（約14%）みられるのも特徴である。なおⅦ類の「V−テモラウ」は連体修飾節内の述語となっているものである。このようにみると、考察対象とする229例のうち、単なる事実説明のV−テモラウ文（命題のみの平叙文・疑問文）はほとんどないといえる。

こういったことから、以下では、「V−テモラウ」の形態論的な形に注目して考察を行う。次の5節では話し手が受益者であることが比較的明瞭なV−テモラウ文、6節ではそれが必ずしも明瞭でないV−テモラウ文について考える。

5.　話し手が受益者であることが比較的明瞭なV−テモラウ文

5.1　話し手の受益性を表現するV−テモラウ文

次のV−テモラウ文は、既に実現された聞き手の動作について述べたものであり、話し手が聞き手の動作によって恩恵を受けたことが読みとれる[9)]。なお、以下で用例をあげる際、その最初に、CEJCに示されている「会話情報」を参考にしつつ適宜情

---

8 表1のⅠ類のうち「V−テモラウ」としてまとめた8例も、後に説明するが、単なる平叙ではなく、聞き手への働きかけを表す文となっているものが多い。

9 先に3.1節で紹介したように、山田（2004）、権（2021）において「シテモラッタ」形の場合に主語者の受益性がはっきりすることが指摘されている。ただし、必ずしも過去形でなくこの5.1節の（イ）類、（ウ）類のような形であっても、動作が既実現の事態の場合には同様だろう。

報を補いながら簡単にその会話の場面や内容を記す[10]。

（ア）〔普通〕[11]「V–テモラッタ」

(13)　〔友人と電話で、過去にもらった出産祝いのことを思い出して話している〕「あ#忘れた#」「そうか#あなたに送ってあげたんかな#」「そう#あ送ってもらったか持って帰ったかちょっと忘れたけど#」(K006_016, 61760)

（イ）〔普通〕「V–テモラッテ（スミマセン）」

(14)　〔友人宅でお茶を飲んで雑談〕「これね戸塚で買ってきたの#」「戸塚駅で#ありがとうございます#野菜#姉さん気遣ってもらってすいませんね#」(T004_010b,　47860)

（ウ）〔可能〕[12]「V–テモラエテ（ウレシイ）」

(15)　〔飲食店で友人知人生徒と懇親会〕「そうそそ#うーん#うーん#うーん#なんかね#いや#俺はゆわゆわないけど#わー#僕の話し聞いてもらえて嬉しいよ#君たちにね#」（T013_014c, 37360)

上の（ア）～（ウ）について性質をみてみると、(13)のV–テモラウ文は、直前のV–テアゲル文との対比になっていて、既実現の《出産祝イヲ送ル》という動作が二人にとって恩恵授受関係のあるものと捉えられており、(14)と(15)では、「V–テモラッテ」の形とそれに続く「すいませんね」「嬉しいよ」によって、既実現の動作に対して、話し手の感じる受益性がより明瞭にうかがえる[13]。

このように上のV–テモラウ文では、話し手が、既に行われた聞き手の動作を自身にとってありがたいことだと捉えて述べられており、V–テモラウ文の基本的な性質である主語者(ここでは話し手)の受益性がそのまま表現されている文だといえる。ただし、今回調査した用例の中にはなかったが、既実現の事態を述べるV–テモラウ

10　ただし、当該のV–テモラウ文の発話者が、会話収録における「調査協力者」本人であるとは限らない。

11　以下、〔普通〕としているのは、「V–テモラウ」が可能形でないもの（VI類以外）である。

12　以下、〔可能〕としているのは、「V–テモラウ」が可能形「V–テモラエル」、及びその様々な形であるもの（VI類）である。

13　先に1節で示した例(4)も「紹介してもらって助かったよ」となっていて似た類である。

文であっても、話し手が受益者ではなくむしろ迷惑の蒙り手といえる使い方もありそうである[14]。これについては後ほど述べることにする。

（16）「機材は全部、会場に運びました。」「なんだって。いま運んでもらっては困るんだ。」「すみません。すぐ元に戻してきます。」（作例）

5.2　話し手の受益性の表現にとどまらないV–テモラウ文

聞き手がまだ行っていない動作ではあるがそれが実現されれば話し手にとって恩恵となるという動作に言及するV–テモラウ文は、以下で具体的にみるように、話し手から聞き手に対して動作の実行を依頼（あるいは聞き手との力関係や上下関係によって命令）する表現となっていることがほとんどである。つまり、聞き手が動作主体であるV–テモラウ文は、「V–テモラウ」が一定の形をとることによって、話し手から聞き手への動作依頼の機能をはたすようになっている。

（エ）〔普通〕「V–テモラウ／V–テモライマス」[15]

次の文は、文末が「V–テモラウ」「V–テモライマス」という形で言い終わってはいるが、機能としては、話し手にとって望ましい動作の実行を聞き手に依頼するものとしてはたらいている。

（17）〔飲食店で店主に取材〕「じゃあいいですか#お願いして#」「うん#いいですよ#だいじょぶです#」「そしたら常時それなくなったらすぐまた印刷してもらう#」「はい#うん#はい#わかりました#」「それお願いします#」（T015_010, 31450）

このようなV–テモラウ文について堀口(1987:67)は、「仕手が聞き手である場合は、「〜テモラウ」と話し手が意志を表明した瞬間に聞き手は「〜」の行為をしなけれ

14　1節で示した例(2)について山田（2004:156-157）も「すでに聞き手が「忘れてしまった」ことが明らかであるか、もしくは状況から考えて「忘れる」方向にあることを話者が認め、それに対して「困る」という感情を表出しているものと考えられる」としている。

15　3.1節で紹介したように、権（2021:10）は「してもらう（よ）」形を「してもらおう」形とともに「受益性の実現を聞き手へ要求する場合」の形としている。

ばいけないのだということを知る。」としており[16]、上の例(17)でも、V-テモラウ文を受けた聞き手が「わかりました」と答えていることにそれがうかがえる。

では次に、「V-テモラウ」が様々な形態論的な形をとっているV-テモラウ文を形ごとにみていく。

(オ)〔普通〕「V-テモラッテイイデスカ。」

(18)〔大学で友人と実験の準備〕「ちょっと場所変わってもらっていいっすか#デ#」「いいっすよ#」(K003_017, 501220)

(19)〔妻と車で移動中、夫がかつて他者に話した内容を伝える〕「でソもうソその奥さんがもうこのお酒は縁起が悪いから全部捨てちゃいましょうなんつってね#いや僕んとこ持ってきてもらっていいすか#捨てないでくださいよっつって# 今度取りに行かなくちゃ#」(C002_005, 12600)

(カ)〔普通〕「V-テモラワナイト」

(20)〔友人宅でヘアバンド製作の相談〕「あ#でこの生地だけちょっと託していいっすか#」「あ#はい#ごめんね#スカーフはね持って帰ってもらわないと#ぐしゃぐしゃで#」「はーい#」(K005_027, 156520)

(21)〔飲食店で父母会役員の引継ぎ〕「これもね考えてもらわないとね#」「はい#」(T003_003, 86440)

(キ)〔普通〕「V-テモラオウ(カ)」[17]

(22)〔高校の打ち合わせ室で同僚と〕「そしたらえーとじゃ大間知さんさえーっと君はこっちのほうやってもらおっかな#」「はい#」(T020_009, 440)

(23)〔飲食店で後輩と夕食〕「確かに#ありだね#はーい#最初のモデルんなってもらおうか#」「自分がっすか#」(T001_005, 4730)

(ク)〔普通〕「V-テモライタイ」[18]

---

16 山橋(2000:62-63)にも同様の指摘がある。

17 3.1節で紹介したように、権(2021:10)は「してもらおう」形を「してもらう(よ)」形とともに「受益性の実現を聞き手へ要求する場合」の形としている。

18 3.1節で紹介したように、権(2021:10)は「してもらいたい」形を、「受益性が未来に実現してほしい場合」の形としている。

(24)　〔実家で母と料理〕「これ終わったらどうすればいい#」「このビニールは#終わっ#あのまた洗って使うからね#」「袋は#また洗って使う#」「うん#そこ綺麗なとこに置いといてもらいたい#」「うん」(K008_005, 49770)

(25)　〔大学でサークルの幹部会議〕「えーともうあしたあさってで輪転機ンで刷ってきます#」「うん#うい一#」「でえっと今カ確認してもらいたいんだけど#」(T009_008a,　14600)

(ケ)〔可能〕「V-テモラエル（カ）↑／V-テモラエマス（カ）↑」[19]

(26)　〔飲食店で同僚と雑務や接客〕「できましたらお呼びしますので少々お待ちください#」「はい##挽いてもらえます#」「はい#はい#二百グラムでよろしいですか#」(T009_022, 55760)

(27)　〔自宅で配偶者と棚の組み立て〕「あ一#危ない#組み立て代を取られちゃうからね#わわわわわわ#なんだなんだ#うーん#下シール貼ってる#剥がしてもらえる#下#」(T001_002, 4630)

(コ)〔可能〕「V-テモラエナイ（カ）↑／V-テモラエマセン（カ）↑」[20]

(28)　〔飲食店で店主に取材〕「そうゆうのなんか今度相談に乗ってもらえません#」「あ#なんかよくゆわれるんですけど#」(T015_0122,　28590)

---

19 この「V-テモラエマス（カ）↑」という可能形疑問文は、そもそも「もらう」がつかない動詞の形であっても、会話において「君、8時に来られますか。」のように述べるとき、聞き手の動作の可能性を尋ねることが聞き手への依頼としてはたらく形である。なお、蒲谷（1998）では、話し手の「発話意図」（依頼、願望表明、等）と「表現」（「あの本を取ってもらえますか。」「あの本がほしいなあ。」等）とにずれがある表現が「あたかも表現」とされてその枠組みが述べられている。ただ蒲谷（同）では「V-テモラエマス（カ）↑」という可能形疑問文は「依頼」という発話意図をもつ形式とされているので、それが表現されたときに聞き手への依頼になるのは発話意図と表現にずれのないものということになる。

20 日本語記述文法研究会（編）（2003:72-74）では、「第2章 表現類型のモダリティ」の1つとして「第6節 行為要求のモダリティ」があり、その下位として「3.2「てくれないか」「てくれるか」「てもらえないか」「てもらえるか」」という節がある（うしろの2つがV-テモラウ）。そしてこれらについて、「（このような）授受の補助動詞の疑問文は、情報要求的な機能から行為要求的な機能に移行するものである。」とされている。

(29)　〔研究機関で中学生が講義に参加〕「こうゆう調査したいんですけど協力してもらえませんか」(W003_001,　28070)

以上みてきたように、聞き手の未実現の動作を述べるV–テモラウ文には、「V–テモラウ」が、(エ) のように、「V–テモラウ/テモライマス」という文末言い切り形のものだけでなく、(オ) ～ (コ) のように、「V–テモラッテイイデスカ」(許可求めの形)、「V–テモラワナイト」(否定条件形)、「V–テモラオウ」(意向形)、「V–テモライタイ」(希望形)、「V–テモラエマスカ？」(肯定可能の疑問形)、「V–テモラエマセンカ」(否定可能の疑問形) という様々な形で用いられているものが多い。つまり、「V–テモラウ」を、動作の許可を求めたり、動作の実現/非実現を仮定したり、動作の実現を望んだり、動作を受けることをもちかけたりといった形で発話することで、聞き手に動作の実行を依頼する機能をはたすようになっている。

これらのV–テモラウ文の「V」は、動作主体である聞き手自身にとっては望ましい動作ではなく、ときに聞き手 (=動作主体) に負担になる動作であるかもしれないが、その動作を聞き手が行うことが話し手にとって利益となる、望ましいという状況である。このような V–テモラウ文は、V–テモラウの形を、聞き手の動作実行によってこそ話し手の受益が生じるという述べ方にすることによって聞き手の動作を引き起こす、つまり聞き手に動作を依頼する機能をはたすものとなっている。

6.　話し手が受益者であることが明瞭とはいいにくいV–テモラウ文

この節では、話し手が受益者であることが必ずしも明瞭とはいいにくい V–テモラウ文について考える。話し手と聞き手の間に、聞き手の動作による恩恵授受関係が全くないとはいえないとしても、話し手の受益性を述べるために発話されたのではないと思われるV–テモラウ文である。以下で順にみるように、「V–テモラウ」が様々な形で使われて、聞き手 (=動作主体) への丁寧あるいは遠回しな指示、勧め、許可、等として機能する文となっている。そしてそれらの中には、むしろ聞き手にとって望ましい事態であるように思われるV–テモラウ文もある。6. 1 節でまず実際の用例の種々を確認し、6. 2 節でこういったV–テモラウ文の性質をいくつかの観点から考察する。

6.1　収集された用例の種々

「V–テモラウ」の形ごとに用例をみていく。まず、「V–テモラウ／V–テモライマス」といういわば単純な形の例をみる。

(A)〔普通〕「V–テモラウ／V–テモライマス」

5.2節の最初で、(エ) 類として「V–テモラウ／V–テモライマス」の形で言い終わっている V–テモラウ文の性質（話し手の受益性が明瞭であるとともに聞き手への動作依頼ともなっている）をみたが、これらの形で言い終わるV–テモラウ文の中には、話し手の受益性が明瞭でない文もある。

(30)　〔駐輪場事務所で同僚に業務の説明〕「でここは実はまったくフォーマット同じでここだけ変えればいい#うん#十だけを変えるよう#はいはいはい#ええ#だから十一月に変えてもらう#はい#あ#十はわたし作ってあります#」(T007_016b, 31580)

(31)　〔ピラティスのレッスン〕「右手だけを万歳して#で左足を伸ばしてください#でだらーんとなるべくだらーんと力を抜いてもらいます#うん#」「はい#」(T017_011a, 50980)

これらのV–テモラウ文において、《アナタガ（数字ヲ）十一月ニ変エル》ことや《アナタガ力ヲ抜ク》ことによる話し手の受益性はあまり感じられない。聞き手がこれらを行うことはむしろ聞き手自身にとって望ましいことだといえ、V–テモラウ文は、聞き手への動作指示として機能している。

次に、「V–テモラウ」が様々な形をとっているV–テモラウ文をみていく。

(B)〔普通〕「V–テモラッテ【文末】」

(32)　〔友人宅でケーキ作り〕「はい#この生地を#さあ#…（中略）…#型に流し入れます#適当にこうおっきくがっがって二三回混ぜてもらって#これでマーブルが決まるので#」(T014_018, 121140)

(33)　〔ピラティスのレッスン〕「ちょっとストレッチして#うん#じゃあちょっとこちらを向いて立ってもらって#二三歩アル足踏みしてもらって[21]#う」

---

21 この「立ってもらって」「足踏みしてもらって」の機能は、少しうしろの「足の動きを止め

ん#うーん#はい#じゃあ足の動きを止めてください#」（T017_011a, 4120）

(C)〔普通〕「V-テモラッテ{イイ／大丈夫／OK／カマワナイ}（デス）（ヨ）」

(34)　〔友人宅でお茶を飲んで雑談〕「アアキ空き缶空き缶#あ#ほんとおいしい#あ#ここに置いといてもらっていいですよ#」「いいですか#」

（T004_0122b, 90122）

(35)　〔自宅スクールで仕事関係者と雑談〕「じゃみんな子供も連れてってもちろんいいってことでしょう#」「もちろんです#」「あー#うん#じゃあもうすごい#」「プラレールも下でやってもらって全然大丈夫です#」「あ#大好きなの#」（K006_009,　78090）

(D)〔普通〕「Vテモラウトイイ」

(36)　〔ピラティスのレッスン〕「あーお腹使ったなってゆうようなエクササイズはない#はない#じゃあそれを一個足してもらうといいかもしんない#」

（T017_011a,　82540）

(37)　〔事務所で同僚に業務の説明〕「ちょっとこのちょっといろいろ書いてあるのを見てもらうといいんですよ#」「はい#」（T007_009,　70000）

(E)〔普通〕「Vテモラウト{ワカル／Adj／～ナル}」

(38)　〔歯科医院で歯の定期健診〕「あの咬むところがほしくて#ふーん#だからたぶんベロで触ってもらうとあのそちらの親シ右側の親シ上の親知らずがちょっとこうぽっと飛び出てるのはわかると思う」

（K004_0122,　28330）

(39)　〔友人宅でケーキ作り〕「ここのところにそうそうそう卵白が当たるようにして全体を混ぜ混ぜしてもらうと早いです#」「すごい#」

（T014_018,　1223480）

(40)　〔ピラティスのレッスン〕「ピラティスのエクササイズ全部腹筋ですからね#そうゆうのをねちょっと入れてもらうとだいぶ違うかもしんない#」「はい#」（T017_011a,　85670）

てください」と同様である。

(F)〔普通〕「V−テモラエバ｛イイ／オッケー／大丈夫｝」

(41)〔友人宅でケーキ作り〕「作り始める時にもう余熱かけて#」「うん#うん#うん#」「ずっと余熱のままにしといてもらえばいいんです#」「そっか#そっか#そうなんだ#」（T014_018, 190670）

(42)〔事務所で同僚に業務の説明〕「それ選択してもらえばそうすりゃもうそれであとでエンター押してもらえばオッケーです#」「はい#」（T007_016a, 163122）」

(G)〔普通〕「V_1−テモラッタラ｛ワカル／V_2／等｝」[22]

(43)〔飲食店で同僚と懇親会〕「全然ちゃうから#今これ飲んですぐこれ飲んでもらったらわかると思います#これ飲んでください#」「うんうんうんうんうんうん#わかる#」（S002_007, 72330）

(44)〔友人宅でケーキ作り〕「はい#ではですねこれを#はい#この生地を#さあ#ここからは急ぎますよ#はい#はい#入れてもらったらおっきく混ぜて#はいっ#型に流し入れます#適当にこうおっきくがっがって二三回混ぜてもらって#これでマーブルが決まるので#」（T014_018, 121140）

(H)〔普通〕「V−テモラッタホウガイイ」

(45)〔美容院で美容師と雑談〕「はい#パーマをこう戻しながらある程度乾かしていただいて#」「はい#はい#」「で根元はでもしっかり乾かしてもらったほうがいいんで#」（T020_022d, 45040）

(I)〔可能〕「V−テモラエレバ｛イイ／ワカル／大丈夫｝」

(46)〔自宅スクールで仕事関係者と雑談〕「もしくはなんかもう全然関係なく

---

22 山橋（2000）においても、「この道をまっすぐ行ってもらったら、花屋に出ますから、そこを右に曲がって、、、」という例（p. 55、p. 63。下線の引き方も山橋のまま）について、主語が受益者ではないこと、「道を尋ねた当人に対する、その当人の望んでいる行為の指示」であること、V−テモラウ形を使うことによって聞き手が《行ク》ことが「話し手の喜びにも繋がることが含意され、このことが、道を尋ねるというある意味で弱い立場にある聞き手の気持ちを軽くする。話し手の気遣いが感じられるゆえんである。」（p. 63）とされている。

ても好きなのをこう書いてもらってもう五感で楽しんでもらえれば全然いいし#」（K006_009，73090）

(47)〔後輩に業務の引き継ぎ〕「じゃあ次が教授会#教授会はさらっとでいいや#ここ見てもらえればわかるんだけど#」「はい#」（T009_021b, 97350）

6.2　話し手の受益性が明瞭とはいいにくいV-テモラウ文の性質

この6.2 節では、前節でみた種々の用例をもとに、話し手の受益性が明瞭でなく、会話において聞き手への動作の指示・勧め・許可などの機能をはたしているV−テモラウ文はどのような性質をもっているのか、いくつかの観点から考えてみる。

6.2.1　「V−テモラウ」の形態論的な形

上でみてきた（A）～（I）の「V−テモラウ」の形は、次の4 つのタイプに分けることができる。

(i)　いわば単純な形
「V−テモラウ／V−テモライマス」（A）

(ii)「V−テモラッテ」で言い切りになるもの
「V−テモラッテ【文末】」（B）

(iii) V−テモラッテ形や条件形などのあとに「イイ」がつづくもの
「V−テモラッテイイ」（C）、「V−テモラウトイイ」（D）、「V−テモラエバイイ」（F）、「V−テモラッタホウガイイ」（H）、「V−テモラエレバイイ」（I）

(iv) 条件形のあとに「ワカル／Adj ナル／V」等がつづくもの
「V−テモラト−ワカル等」（E）、「V−テモラッタラ−ワカル等」（G）、「V−テモラエレバ−ワカル等」（I）

そしてこれらの形は、補助動詞「モラウ」のつかない形であっても、会話において聞き手の動作をこれらの形で述べることによって聞き手の動作を引き起こす機能をはたしうる。「行く」を例にして示す。

(i’)「ほら、さっさと行く。」

(ii’)「どうぞ、先に行って。」

(iii’)「先に行っていいよ。」「早く行くといい。」「君も行けばいい。」「君も行ったほうがいい。」「あす行ければいい。」

（iv'）「教室に｛行くと／行ったら／行けば｝わかるよ。」

「V–テモラウ」を、もともとこのような性質のある形にして用いることによって、その V–テモラウ文が聞き手への動作の指示や勧めの機能をはたすようになっているのだと思われる。

6.2.2　発話の場面の性質と、その場面における話し手と聞き手の関係

ここでは、話し手の受益性が明瞭でない V–テモラウ文が発話される場面における、聞き手の動作（「V–テモラウ文」の「V」）についての話し手と聞き手の関係（熟知度の違い）という点をみてみる。

まず場面を確認しておくと、5 節でも 6.1 節でもそれぞれの用例についてその発話がなされる場面を示したが、その種類に違いがみられる。6.1 節の例（話し手の受益性が必ずしも明瞭でないもの）では、いずれの場面においても話し手のほうが聞き手よりもその動作についての熟知度が高いと思われるという共通性がある。次のような場面である。5 節（話し手の受益性が比較的明瞭であるもの）の例には多様な場面がみられるもののこういった場面はほとんどない。

○専門家と非専門家

〔歯科医院で歯の定期健診〕歯科医 vs. 患者

〔ピラティスのレッスン〕インストラクター vs. 受講者

〔美容院で美容師と雑談〕美容師 vs. 客

○専門家というのではないが、その場面において話し手のほうがその動作について熟知している

〔後輩に業務の引き継ぎ〕当該業務の経験者 vs. 非経験者

〔事務所で同僚に業務の説明〕その業務を熟知している人 vs. そうでない人

〔友人宅でケーキ作り〕ケーキ作りに詳しい人 vs. そうでない人

これら以外の場面として、〔友人宅でお茶を飲んで雑談〕〔自宅スクールで仕事関係者と雑談〕〔飲食店で同僚と懇親会〕があるが、個々の会話をみると、話題になっている動作の性質については話し手のほうが聞き手よりも熟知していると思われる

（例(34)における《空キ缶ヲココニ置ク》ことの可否、例(35)での《プラレールヲ下デヤル》ことの可否、例(43)での《コレヲ飲ム》ことの適切さ、等）。

こういった6.1節の諸例では、聞き手の動作は話し手にとって直接的に恩恵になるものとはいえないのだが、聞き手がその動作を行うことの適切性や価値や利点を話し手のほうがよく知っていて、それを聞き手が行うことが望ましいと考え、聞き手の動作を引き起こそうとしている。それは、聞き手の動作をリードする立場にあるという意味で話し手にとって望ましい（恩恵である）のかもしれない。

なお、動作の適切性等についての両者の熟知度の違いとはいっても、話し手と聞き手の関係が、学校での教育場面の教師と生徒とか、家庭のしつけにおける親と子とか、職場内の上司と部下のようにいわば上下関係がはっきりしている場合は、V-テモラウ文を使わずに直接的に指示することもおかしくないだろう（「ぐずぐずしていないで早く席につけ。」「ごはんは残すな。」「遅刻した理由を説明しなさい。」）。つまり、上下関係の明白な場面では V-テモラウ文を使う必要がない。それに対して、一般社会人に対するピラティスやヨガやワープロの教室におけるインストラクターと受講者、地位に差のない同僚同士、友人同士の会話のなかで話し手が聞き手の動作を引き起こそうとするとき、命令的な形は使いにくく、聞き手への配慮をこめた表現として「V-テモラウ」の形の種々のバリエーションが用いられるのではないだろうか。

6.2.3　聞き手の動作（「V-テモラウ」の「V」）の性質

6.2.3.1　動作そのものの性質

動作主体の受益性が明瞭でないV-テモラウ文の収集例にみられた「V」がどのようなことを表す動詞かをみてみると、まず、次のようなものがある。

(a) 姿勢の変化：立つ、すわる、歩く、下を向く

(b) 再帰的なものとしての動作：{足/手} を {あげる/おろす/伸ばす/戻す/広げる/動かす/ゆする}、手を膝裏にあてがう、股関節を開く、体をゆする、両腕を引き寄せる、両膝を立てる、身体の力をぬく、腰をまげる、足踏みする、万歳をする、歯の裏をなめる、髪を乾かす、頭を枕におく

(c) 飲食：水を飲む、ご飯を食べる、薬をのむ、味見する

これらは、具体的（物理的）な動作でありかついわば“動作主体どまり”であって直接的には他者に影響を与えない、つまり、広い意味で再帰的ともいえる動作である。したがって、聞き手がこれらの動作を実行したとしても、それはふつう話し手に関わってこない。したがって話し手の受益性が直接的に問題になることがあまりないのだと思われる。

次に、再帰的とはいえない、物に働きかけていく次のような動作もみられた。

(d) 調理の動作：ケーキの生地を｛まぜる/ゴムベラで切る/揺する｝、まぜるのを｛止める/早める｝、材料を入れたボールをもつ、ゴムベラを使う、余熱のままにする

(e) 作業としての動作：ワープロのキーを押す、表の数字を書きかえる、書類を見る、辞書をひく

これら（d）（e）の動作については、動作そのものの性質が受益性と関わるのではなく、受益性と関わるのは、話し手と聞き手の関係なのであり、次節で述べる。

6.2.3.2　聞き手の動作と話し手・聞き手との関係

上の（d）（e）の動詞によるV-テモラウ文は、話し手の受益性が比較的明瞭なこと（下の例(48)）もそうでないこと（例(49)）もありうる。

(48)　「あなたにケーキの生地を混ぜてもらったので、きれいに仕上がって助かりました。ありがとうございました。」(作例)

(49=32 再掲)　〔友人宅でケーキ作り〕「……この生地を……型に流し入れます#適当にこうおっきくがっがって二三回混ぜてもらって#これでマーブルが決まるので#」（T014_018, 121140)

上の(48)では、《アナタガ生地ヲ混ゼル》ことは物理的には話し手に関わってくるわけではないが、それによって生じた結果（ケーキがきれいに仕上がった）を話し手が望ましいものと捉えて恩恵を感じているという事態である。一方、(49)では《アナタガ生地ヲ混ゼル》ことは話し手（ケーキ作りを教えている人）にとって役に立つ動作ではなく、物理的にも気持ちのうえでも話し手に関わってこない。むしろ聞

き手（ケーキ作りを習っている人）自身の作業として必要な動作である。

動作主体の受益性が明瞭でないV–テモラウ文(6.1節)における(d)(e)の動作は、聞き手の動作と話し手・聞き手との関係がこの(49)のような事態なのである。

6.2.4　話し手の受益性の低さの現れ

主語である話し手の受益性が明瞭でないV–テモラウ文が表しているのはそもそも話し手と聞き手の間の恩恵関係があまり感じとれない事態であった。このことは、6.1節でみたV–テモラウ文は、V–テモラウの形を「モラウ」のつかない形で述べても同じ事態を表現でき同じ発話機能をはたせることにもうかがえる[23)]。

(32’)　「(生地を) がっがって二三回 {混ぜてもらって : 混ぜて} 。」

(34’)　「(空き缶を) ここに {置いといてもらって : 置いといて} いいですよ」

(36’)　「じゃあそれを一個 {足してもらうと : 足すと} いいかもしんない」

(41’)　「余熱のままに {しといてもらえば : しとけば} いいんです」

(43’)　「これ {飲んでもらったら : 飲んだら} わかると思います」

(45’)　「根元はしっかり {乾かしてもらったほうが : 乾かしたほうが} いい」

なお可能形（4節の表1のⅥ類）の場合には、「モラウ」がつかないだけでなく可能形でもない形で表してもほぼ同じ機能をはたす。

(46’)　「好きなのを書いてもらってもう五感で {楽しんでもらえれば : 楽しめば} 全然いいし」

(47’)　「ここ {見てもらえれば : 見れば} わかるんだけど」

こういった現象は、3.1節で紹介した権（2021:10）の指摘する「受益性の漂白化」にあたり、そこでも引用したが、「もはや補助動詞の「もらう」の意味がうすれ、文を発する話者の「そうなってほしいという」気持ちを表すマーカーとしての機能を獲得している」といえそうである。そして「主語交替文の「してくれる」文にもな

23　話し手の受益性が明瞭なV–テモラウ文では、文の表す事態を変えずに「V–テモラウ」形をV形（「モラウ」のつかない形）に言い換えることはできない。

(14’)「……姉さん気遣ってもらってすいませんね#」cf.「気遣ってすいませんね」

(15’)「僕の話し聞いてもらえて嬉しいよ#君たちにね#」cf.「僕の話し聞いて嬉しいよ」

らない」（同）ことから、V−テモラウ文のヴォイス性そのものが希薄になり、話し手から聞き手に対して婉曲に指示したり勧めたりする機能をはたすようになっている。

7.　まとめと今後の課題

本稿では、会話において発話された、聞き手が動作主体であるV−テモラウ文について、「日本語日常会話コーパス」から得られたデータをもとに考察を行い、次のことが明らかになった。

(i)　話し手の受益性が明瞭か否かにかかわらず、「V−テモラウ」がいわば単純な形で用いられている例はきわめて少ない（4節の表1参照）。

(ii)　既に指摘されているように、話し手（=主語者）の受益性が明瞭にうかがえるV−テモラウ文とそうではないV−テモラウ文とがある。

(iii)　考察対象としたV−テモラウ文が会話においてはたしている機能について、

(iiia) 話し手の受益性が明瞭なV−テモラウ文（5節）においては、受益性を表現する文として機能しているものと、それにとどまらず、聞き手の未実現の動作について「V−テモラウ」の様々な形（単純な形、許可求めの形、否定条件形、意向形、希望形、肯定可能の疑問形、否定可能の疑問形）で述べることによって、聞き手に動作の実行を依頼する機能をはたしているものがある。

(iiib) 話し手の受益性が明瞭とはいえないV−テモラウ文（6節）においては、やはり様々な形（単純な形、テ形、テ形+｛イイ/ワカル/〜ナル etc.｝、条件形+｛イイ/ワカル/〜ナル etc.｝、可能条件形+｛イイ/ワカル/〜ナル etc.｝、勧めの形）で述べることによって、聞き手への動作の指示や勧めの機能をはたしているものがほとんどである。

(iiic) 5節と6節で確認した「V−テモラウ」の形（5節のア〜コ、6節のA〜I）が表1の分類のどれにあたるかを示したのが表2である。ここにうかがえるように、単純な「V−テモラウ」形（Ⅰ類）以外の形は、5節に現れたものと6節に現れたものが相補分布している。

(iv)　話し手の受益性が明瞭とはいえないV−テモラウ文が発話される場面には

特徴がある。すなわち、聞き手の動作が“動作主どまり”であって話し手に関わっていくものではないという場面、あるいは、話し手は、聞き手がその動作を行うことが聞き手にとって適切性や価値や利点があることをよく知っていて、それを聞き手への配慮をもって柔らかく指示するという場面である。

(v)　話し手の受益性が明瞭とはいえないV-テモラウ文には、権（2021）のいう「受益性の漂白化」がみられ、V-テモラウ文のヴォイス性も希薄になっている。

日本語において聞き手の動作を引き起こすことを明瞭に表す形態論的な形としては「シロ」「シナサイ」があるが（「行け」「行きなさい」）、これらの形は、これ以上語形変化をさせることのできない形である。一方、動詞に補助動詞「モラウ」をつけた「V-テモラウ」になると、形態論的なバリエーションがゆたかになり、そのことによって、聞き手への配慮を様々なニュアンスで表現しつつ聞き手の動作を引き起こす機能（依頼や指示や勧め）をはたすことが可能になっている。

表2　本稿での「V-テモラウ」の形態論的な形の5節・6節における分布

類	「V-テモラウ」の形態論的な形	5節	6節
I類	V-テモラウ	エ	A
	V-テモラッタ	ア	
II類	V-テモラッ**テ【文末】**		B
	V-テモラッ**テイイ(デス)**		C
	V-テモラッ**テイイ(デス)カ**	オ	
	V-テモラッ**テスミマセン**	イ	
III類	V-テモラウ**トイイ**		D
	V-テモラウ**ト{ワカル/Adjナル}**		E
	V-テモラワ**ナイト**	カ	
	V-テモラエ**バイイ**		F
	V-テモラッ**タラ{φ/ワカル}**		G
IV類	V-テモラ**オウ**{カ/カナ}	キ	
	V-テモライ**タイ**	ク	
V類	V-テモラッタホウガイイ		H
VI類	V-テモラ**エ**ル?/モラ**エ**マス(カ)	ケ	
	V-テモラ**エナイ**?/V-テモ**エマセン**(カ)	コ	
	V-テモラ**エテ**ウレシイ	ウ	
	V-テモラ**エレバ**-{φ/イイ/ワカル}		I

最後に、本稿で十分な考察のできなかった点をあげる。

(i) 考察対象として、V-テイタダク文、つまり、V-テモラウ文と文法的な意味は同じであるが待遇的な性質の異なる文を扱っていない。

(ii) 「日本語日常会話コーパス」の音声情報を十分に活用できず、発話のなかには、動作主体が聞き手なのかどうか、あるいは、「はい」「ええ」などで発話者が交替しているかどうかなどの判断が難しい例も少なくなく、文の解釈に誤解があるかもしれない。

(iii) 「日本語日常会話コーパス」の用例だけを対象にしており、考察結果を一般化するには、質的にも量的に十分とはいえない可能性がある。たとえば、上に述べたように、表2では「V-テモラウ」の語形が5節と6節とでほぼ相補分布しているが、用例を豊かにしてもはたして同じなのかどうか、次の（iv）とも関係して不安が残る。

(iv) ある形態論的な形をとった「V-テモラウ」を述語とするV-テモラウ文が、依頼なり指示・勧めなりの機能をはたしているとしても、それがその形の一般的な文法的意味から説明できるのかどうか追究すべきである。

今後は、こういった点の解決に向け、先行研究のさらなる渉猟にも務めながら、調査・考察を続けていきたい。

参考文献

蒲谷宏（1998）「あたかも表現―『表現意図』と『文話』との『ずれ』―」『早稲田大学日本語研究教育センター紀要』11 : 19-33、早稲田大学日本語研究教育センター.

小磯花絵他（2023）「『日本語日常会話コーパス』設計と構築」『国立国語研究所論集』24 : 153-168、国立国語研究所.

権勝林（2021）「『してもらう』文の意味・用法―受益性の観点から―」『日本語教育研究』55 : 5-20、韓国日語教育学会.

スチワロードム・スィリラック（2009）「『～テモラウ』文の意味・用法について―意図性がある場合―」『学習院大学大学院日本語日本文学』5 : 65-46、学習院大学大学院人文科学研究科日本語日本文化専攻.

崔善喜（2009）「命令表現としての『てもらう（基本形）』文について」『日本語學研究』24 : 139-154、韓国日本語学会.

崔善喜（2012）「命令を表す『てもらう』文についての一考察―『しろ／しなさい』との比較を通して―」『日本語文法』12-1 : 71-87、日本語文法学会.

仁田義雄（1991）『日本語のモダリティと人称』ひつじ書房.

日本語記述文法研究会（編）（2003）『現代日本語文法4 第8部モダリティ』くろしお出版.

早津恵美子（2023、口頭発表）「日本語の恩恵授受構文の形式と意味・機能―『V-テモラウ文』について（簡単な調査の報告）―」2022年度ユーラシア言語研究コンソーシアム年次総会、2023年3月29日、於京都大学文学研究科附属羽田記念館（ハイブリッド開催）.

姫野伴子（1997）「行為指示型発話行為の機能と形式」『埼玉大学紀要』33-1 : 169-178、埼玉大学教養学部.
堀口純子（1987）「『～テクレル』『～テモラウ』の互換性とムード的意味」『日本語学』6-4：59-72、明治書院.
山岡政紀（2008）『発話機能論』くろしお出版.
山田敏弘（2004）『日本語のベネファクティブ―「てやる」「てくれる」「てもらう」の文法―』明治書院.
山橋幸子（2000）「『てもらう』の機能と受益との関わり」『札幌大学文化学部紀要　比較文化論叢』6：55-68、札幌大学文化学部.

文の人称性とやりもらい構造の文

On the relationship between Japanese sentence type“yari－morai”structure and sentence personality

村上 三寿
MURAKAMI Mituhisa

要旨 動詞の文法的なかたちがどのような文法的な意味をもっているかを正確に規定するには、その文法的なかたちがいかなる文法的なカテゴリーのなかに存在して、どの文法的なかたちと対立をつくっているか、明確にとらえる必要がある。日本語のやりもらい構造の文の体系をかたちづくっている３つの文法的なかたちが、それぞれどのような対立をなしながら、どのような文法的な意味を実現しているか、文の人称性との関係のなかで検討している。

また、いわゆる“自動詞のうけみ（めいわくのうけみ・第三者のうけみ”とよばれる「～される」という文法的なかたちが、いかなる文法的なカテゴリーのなかで、どの文法的なかたちと対立をなしながら、どのような文法的な意味を実現しているかについて、「～して もらう」という文法的なかたちとの関係のなかで検討している。

キーワード：文法的なかたち、文法的な意味、文法的なカテゴリー、単語の総合的な文法的なかたちと分析的な文法的なかたち、文の人称性

1. 文法的なカテゴリーとしてのやりもらい

日本語における「やりもらい構造の文」と一般的によばれている文は、述語となる動詞が「～して やる・ ～して くれる・ ～して もらう」という３つの文法的なかたちと、それぞれのていねいな言い方である「～し

て あげる・ 〜して くださる・ 〜して いただく」という３つの文法的なかたちの、あわせて６つの文法的なかたちをとる文のことである。動詞のこれらの文法的なかたちは、「やりもらい」という文法的なカテゴリーを構成する要素として、共通する文法的な意味の土台のもとで、たがいに対立する文法的な意味をもって存在している。これらの６つの文法的なかたちを「やりもらい」という文法的なカテゴリーにまとめあげている共通する文法的な意味は、“動作にともなう利益性や恩恵性、あるいは、動作の結果としてもたらされる利益性や恩恵性”である。この文法的な意味をめぐって、利益や恩恵をもたらす側からのべるか、利益や恩恵をうけとる側からのべるか、あるいは、はなし手やかたり手がどちらの側にたっているかのちがいが、このカテゴリーのなかでの文法的なかたちの対立としてあらわされる。一般的に、動詞のあるひとつの文法的なかたちがどのような文法的な意味をもっているかを正確にとらえるためには、その文法的なかたちが、どういう文法的なカテゴリーのなかに存在し、その文法的なカテゴリーのなかで、どの文法的なかたちと対立をなしているのかを確定する必要がある。その文法的なかたちが存在している文法的なカテゴリーについての明確な認識がなければ、文法的なかたちのもつ文法的な意味を正確に規定することはできない。日本語における「やりもらい構造の文」を体系としてとらえるということは、これらの３つの文法的なかたちのそれぞれを述語にする文において、それらに共通する文法的な意味の土台のもとで、これらの３つの文法的なかたちがどのような文法的な意味の対立をなしているかを確認することであり、そして、それぞれの文の構造における主語や補語との関係のなかで、利益や恩恵のあたえ手とうけ手がどのようにあらわされているかを整理してとらえることである。

一般言語学の世界では、“動作にともなって客体に何らかの利益性や恩恵性をあたえる”という文法的な意味が、動詞の文法的なかたちのうえにやきつけられている諸言語のばあいには、そのような動詞の変化形は、“ベネファクティヴ benefactive”とか“アプリカティブ applicative”

という文法的なカテゴリーのなかであつかわれている。日本語における「やりもらい構造の文」の体系のなかでの「〜して　やる」「〜して　くれる」「〜して　もらう」という３つの文法的なかたちも、そのような文法的な意味をめぐって、“あたえる側からのべたり、うけとる側からのべたり”している。ただし、一般言語学のベネファクティヴ（アプリカティヴ）のカテゴリーにおける文法的なかたちのばあいには、“動作にともなって客体に何らかの恩恵や利益を付与する”という文法的な意味であって、“benefactive aspect”とか“applicative aspect”というように、むしろ、結果としての動作のあり方、動作のし方や様態をあらわすアスペクト的なカテゴリーとしてあつかわれていて、ここには、それを“あたえる”と“うけとる”というヴォイス的な対立はない。しかし、日本語の「やりもらい構造の文」の体系における、これらの３つの文法的なかたちのなかには、“動作にともなう利益性や恩恵性”をめぐって、それをあたえる側からのべるか、うけとる側からのべるかというヴォイス的な対立に近い関係もふくまれている。基本的には、「〜して　やる」と「〜して　くれる」は、動作にともなう利益や恩恵をあたえる側からのべるばあいの文法的なかたちであり、「〜して　もらう」は動作にともなう利益や恩恵をうけとる側からのべるばあいの文法的なかたちであるというように、おおきく２つの対立をなしている。したがって、「〜して　やる・〜して　くれる」を述語とする文では、主語の位置にあるのは利益や恩恵のあたえ手であり、「〜して　もらう」を述語とする文では、主語の位置にあるのは利益や恩恵のうけ手である。このように、日本語のやりもらい構造の文の体系における述語動詞のこれらの文法的なかたちの対立は、利益や恩恵をあたえる側からのべるか、うけとる側からのべるかという、“のべるたちば”のちがいをあらわしていて、そのことが、この種の文の構造における“主語のちがい”と“述語動詞の文法的なかたちのちがい”としてあらわれている。そしてさらに、「〜して　やる」と「〜して　くれる」のかたちを述語動詞にする文において、文の構造の点では、どちらも主語の位置にあるのは利益や恩恵をあたえる側であるのだが、「〜して　くれる」を述語にする文においては、“はなし手やかたり手のたちば”の点では、利益や恩恵をうける側にたつという、いわば“二重のしくみ”をもっている。このため、構造的にみれば「〜して　やる」の文と共通しながら、意味的にみれば「〜して　もらう」の文と共通するという“からみあった交叉的な文法的な意味”をつくっている。「〜して　やる」の文と「〜して　くれる」の文の対立における、その“はなし手やかたり手のたちば”のちがいというのは、具体的には“文の人称性”のちがいとなってあらわれるのだが、日本語における「〜して　やる」と「〜して　くれる」の文法的なかたちのつかいわけは、とりわけ“わたし”という一人称の代名詞のつかい方において相当に厳密になされている。

たとえば、(A)“母は　弟に　本を　買って　やった。”という文と、(B)“弟は　母に　本を　買って　もらった。”という文は、どちらも利益や恩恵のあたえ手が“母”の方であり、利益や恩恵のうけ手が“弟”の方であるという点で、意味内容としてはおなじことをあらわしているのだが、文の構造としては、(A)の文の主語は利益や恩恵のあたえ手であり、(B)の文の主語は利益や恩恵のうけ手であって、どちらの側からのべるかということが述語動詞の「〜して　やる」と「〜して　もらう」という文法的なかたちの選択となってあらわれる。やりもらい構造の文の体系のなかで、利益や恩恵のあたえ手とうけ手のどちらの側からのべるかということについて、主語の選択としてみれば、この２つの文法的なかたちの対立が基本になる。ところが、「〜して　やる」と「〜して　くれる」の文法的なかたちのつかいわけのばあいには、ここに、はなし手やかたり手のたちばの対立がつけくわえられる。この“はなし手やかたり手のたちば”というのは、文のなかでは“わたし”という一人称の代名詞として具体的にあらわれる。

たとえば、(C)“母は　わたしに　本を　買って　くれた。”ということはできるが、(D)“母は　わたしに　本を　買って　やった。＊”ということはできない。また、(E)“わたしは　母に　本を　買って　やった。”ということはできるが、(F)“わたしは　母に　本を　買って　くれた。＊”ということはできない。「～して　やる」の文と「～して　くれる」の文では、どちらも主語の位置におかれているのは“利益や恩恵のあたえ手”であって、文の構造の点では“利益や恩恵のあたえ手”の側からのべるかたちになっているのだが、「～して　くれる」の文は、“はなし手（かたり手）のたちば”が“利益や恩恵のうけ手の側”にたつ文であるために、一人称の代名詞“わたし”を主語の位置におくことはできない。そして、「～して　やる」の文においては、一人称の代名詞“わたし”を“利益や恩恵のうけ手”である補語の位置におくことはできない。文の構造として“利益や恩恵のうけ手”の側からのべるということと、はなし手やかたり手が“利益や恩恵のうけ手”のたちばにたつということは、意味的な似かよいをもっていて、そのことが「～して　もらう」の文と「～して　くれる」の文とのあいだの意味的な共通性としてあらわれることになる。たとえば、(F)「わたしは母に　本を　買って　もらった。」の文と、(G)「母は　わたしに　本を　買ってくれた。」の文とでは、文の構造的なタイプはことなっているが、“利益や恩恵のうけ手の側”である“わたし”と、“はなし手やかたり手のたちば”である“わたし”が、一人称の代名詞として一致することになる。こういった“二重のしくみ”のおかげで、はなし手やかたり手は、ことなる主語をつかっても、「～して　もらう」と「～して　くれる」の文法的なかたちをつかいわけることで、“利益や恩恵のあたえ手”に対するおなじような感謝やありがたみの意味をあらわすことができる。日常の会話のなかで“わたしは……”とかたりはじめても、“母は……”とかたりはじめても、「～して　もらった」と「～して　くれた」と述語動詞の文法的なかたちを言いかえることによって、利益や恩恵のうけ手は“わたし”であるという、おなじ意味あいをあらわしながら、利益や恩恵のあたえ手に対する感謝やありがたみをのべることができる。日本語のやりもらい構造の文におけるこの“交叉的なしくみ”は、便利な文法的なかたちであるともいえるし、人称性における厳密なつかいわけのしくみを明確に意識していなければ、つかいこなすことがむずかしい、まぎらわしい文法的なかたちであるともいえる。

「〜して　やる」と「〜して　くれる」の文法的なかたちのつかいわけにおける“はなし手やかたり手のたちば”のちがいは、一人称の代名詞“わたし”のつかいわけのばあいにはっきりと厳密にあらわれるのであるが、三人称の人間であっても、文学作品などの物語文での地の文では、さりげなくつかいわけられていて、注意深くたちどまることによって、その場面でのかたり手のたちばを正確にとらえることができ、場面ごとの形象のゆたかなよみとりにつながる。たとえば、(H)“富岡は　ゆき子の　額を　冷やして　やった。”と (I)“富岡は　ゆき子の　額を　冷やして　くれた。”のふたつの文において、地の文では“利益や恩恵のあたえ手”も“利益や恩恵のうけ手”も三人称の人間であるが、「〜して　やる」と「〜して　くれる」のどちらの文法的なかたちを選択しているかのなかに、その場面におけるかき手のたちばをとらえることができる。すぐれた作家は、ひとつの物語文のなかで、たくさんの登場人物のなかのつねにおなじ人物のたちばから人間の感情や心理を描写しているわけではなく、うつりうごく場面ごとに、それぞれの登場人物のたちばに立って入れ替わりながら、その視点から出来事をとらえ、人間の感情や心理もすべりこませていく。(J)“富岡は　ゆき子の　額を　冷やした。”だけでは描写しきれない、ゆたかな形象が人間の言語のこまやかな文法的なかたちのなかにこめられている。日本語の「やりもらい構造の文の体系」のなかにも、そのゆたかなしくみのひとつが法則としてやきつけられている。すぐれた作家は、だれもつかったことのない奇抜な単語を主観的につくりだしたり、すぐに消え去っていく借り物の外国の単語をもちだして、あたかも新しい外来語をみつけたつもりになって勝手な造語をつくりだしていくのではなく、おおくの民衆が毎日つかっているごく普通の日本語の単語の文法的なかたちのなかにひそむ法則的なしくみを敏感にうけとめ、正確に身につけて、たくみにつかいこなしている。そこには妥協をゆるさない情景のえがきだしのための、ていねいな推敲とかきなおしのつみかさねがあるのだろう。言語学という学問として、日本語の文法のなかにひそんでいる法則的なしくみの体系をとらえるというのは、すぐれた文学作品を注意深く観察し、そこにつかわれている文法的なかたちのなかにある文法的な意味を分析していく、そのつみかさねのうえになりたっている。文法的なカテゴリーとしての「やりもらい」を体系としてとらえるということも、それぞれの文法的なかたちを述語とする文において、文の構造がどのようになっているか、利益や恩恵をめぐって、はなし手やかたり手がどちらのたちばにたっているか、文の人称性との関係のなかでていねいに確認することのうえになりたっている。

2. 動詞の文法的なかたちについて

この文法的なカテゴリーのなかでの動詞の文法的なかたちのつくり方に目をむけてみれば、「〜して　やる」「〜して　くれる」「〜して　もらう」のかたちは、いずれも分析的な文法的なかたちである。日本語の場合も他の諸言語とおなじように、動詞の文法的なかたちのつくり方は、総合的な文法的なかたち（synthetic grammatical form）と分析的な文法的なかたち（analytical grammatical form）との２つのタイプにわかれる。たとえば、独立の語い的な意味をもつ自立的な単語としての動詞“こわす”の基本形（代表形・辞書形）が“こわす”であるとすれば、さまざまな文法的なカテゴリーのなかでの文法的なかたちのうち、“こわせ・こわそう・こわし”などは、語尾の母音交替による屈折変化のかたちであり、“こわした・こわします・こわさない・こわせる・こわされる・こわさせる・こわして”などは、語幹への接尾辞（suffix）のつけたしによる語尾変化のかたちであるが、いずれも動詞の変化形の体系（conjugation）のなかの１単語の文法的なかたちであって、総合的な文法的なかたちである。それに対して、“こわして　くれ・こわして　いる・こわして　しまう・こわして　やる・こわして　くれる・こわして　もらう・こわして　みる・こわして　みせる・こわして　おく・こわして　ある”などは、単語の語い的な意味をになう本動詞（main verb）と単語の語い的な意味をうしなって文法化した動詞（助動詞 auxiliary verb）とのくみあわせによる、形式的には２単語からなるひとつの分析的な文法的なかたちである。こういった分析的な文法的なかたちのなかでの文法化した動詞（助動詞）は、独立の自立的な語い的な意味をもたない補助的な単語としてはたらき、ひとつの文法的なかたち全体の構成要素としての存在である。日本語の「やりもらい」のカテゴリーを構成する「～して やる・～して くれる・～して もらう・～して あげる・～して くださる・～して いただく」の６つの分析的な文法的なかたちの要素である助動詞「やる・くれる・もらう・あげる・くださる・いただく」は、英語の“will . shall. can. may. must”などのように、独立の語い的な意味を完全にうしなって“助動詞 auxiliary verb”として特化された動詞ではなく、独立の語い的な意味をもつ“本動詞 main verb”としてもつかわれる一般的な動詞でもある。本動詞としてつかわれるときには、利益性や恩恵性をかならずしもふくんでいるわけではなく、一般の動作として“もののやりとり・うけわたし”という語い的な意味をあらわすだけであるし、また、「やる」という動詞は、一般の動作としての“何らかの動作をおこなう・実行する”という語い的な意味をあらわしたりすることもあるが、このようなばあいにも利益性や恩恵性をふくんでいるわけではない。また、「やりもらい」の文法的なカテゴリーのなかでの助動詞「やる・くれる・もらう・あげる・くださる・いただく」としてつかわれるばあいのように、“文の人称性によるつかいわけ”があるわけではない。このため、これらが本動詞としてつかわれるばあいには、他の一般の動詞とおなじように、「もらって やる・もらって くれる・くれて やる・やって あげる・やって もらう・やって くれる・もらって もらう・やって やる・もらって くださる・やって いただく」など、ひとつの分析的な文法的なかたちのなかに、本動詞としての“やる・くれる・もらう”と助動詞としての“やる・くれる・もらう”がくみあわさった「やりもらいのかたち」をつくることもできる。

また、このような文法的なかたちの要素としての助動詞は、本動詞としての語い的な意味をうしなって、分析的な文法的なかたちつくりの要素として特化されていくと、形式的にも単語性をうしなって接尾辞化（suffix化）していく。たとえば、“はしってる（はしって　いる）・つくっとく（つくって　おく）・消えてく（消えて　いく）”のように、「やりもらい」のカテゴリーでも“つくったげる（つくって　あげる）”という文法的なかたちがつくられる。このように、助動詞の文法化がすすんで単語性をうしなって接尾辞化していくことで、ながい時間をかけて少しずつ、2 単語の分析的な文法的なかたちが、1単語の総合的な文法的なかたちになっていく。言語の本質は音声であって、日常の人間の言語生活におけるはなしことばのつみかさねのなかで、むだをはぶきながら発音しやすいように変化発展していく。日本語における動詞のアスペクトのカテゴリーのなかでの“継続のかたち”である「はしってる・歩いてる・寝てる・食べてる」などは、すっかり1単語の総合的な文法的なかたちとして日本語の動詞の変化形の体系のなかに定着してきているといえるだろう。

3. 自動詞のうけみとやりもらい

日本語における「やりもらい」という文法的なカテゴリーが、“動作にともなう利益性や恩恵性をめぐって、あるいは、動作の結果としてもたらされる利益性や恩恵性をめぐって”、そのあたえ手とうけ手のどちらの側からのべるか、あるいは、はなし手やかたり手がどちらのたちばにたっているかを問題にする文法的なカテゴリーであるとすれば、それに対立するような文法的な意味をもつ文法的なかたちが、現代日本語の動詞の文法的なかたちとしてあるかどうかという問題も当然でてくるだろう。すなわち、“動作にともなって、あるいは、動作の結果としてひきおこされる不利益性やめいわく性”をあらわすような“動詞の文法的なかたち”があるかどうかということである。たとえば、“けっとばして　やる・ぶんなぐって　やる・こらしめて　やる”などのばあいには、「〜して　やる」の文法的なかたちが“あい手に対して不利益やめいわくをあたえる”という意味をあらしているともいえる。しかし、このようなつかい方は、本動詞の語い的な意味によりかかっているか、あるいは「〜して　やる」の文法的なかたちのなかにある“はなし手の強い意志”をあらわすものからくるものであったり、アイロニカルな意味として使用するときの個別的なものであったりであって、「やりもらい」のカテゴリーにおける「〜して　やる」という文法的なかたちにそなわる、どの動詞にも共通する一般的な文法的な意味として定着しているかということになれば、いまのところの現代日本語の使用の状況では、まだいえないだろう。

しかし、「やりもらい」のカテゴリーにおける「〜して　もらう」という文法的なかたちについていえば、このかたちの“動作にともなう利益や恩恵をうけとる”という文法的な意味に対立して、“動作にともなう不利益やめいわくをうけとる”という文法的な意味をもつ文法的なかたちとして、「ヴォイス」のカテゴリーにおける自動詞の「される」という文法的なかたちをあげることができる。「〜して　もらう」という文法的なかたちが“動作にともなう利益や恩恵をうけとる”という文法的な意味をあらわすとすれば、自動詞の「される」という文法的なかたちは“動作にともなう不利益やめいわくをうけとる”という文法的な意味をあらわす。日本語における自動詞が「される」という“うけみのかたち”をとるときには、本体の“ヴォイス”のカテゴリーにおける他動詞の「される」のような“動作のうけとり”という文法的な意味をあらわさない。“ヴォイス”という文法的なカテゴリーそれ自体が“動作をめぐって、はたらきかける側からのべるか、はたらきかけをうけとる側からのべるか”を問題とするのであるから、一般言語学からいえば、この文法的なカテゴリーを構成する動詞は、当然“他動詞”にかぎられる。日本語の“ヴォイスのカテゴリー”を構成する、対立的な文法的なかたちは、他動詞からつくられる「する（はたらきかけのかたち・能動形 active)」と「される（うけみのかたち・受動形 passive)」である。そして、この対立する文法的なかたちが、それぞれ“他者に対して動作をはたらきかける”という文法的な意味と、“他者から動作のはたらきかけをうけとる”という文法的な意味をあらわす。自動詞のばあいは、動作それ自体が他者にはたらきかけるわけではないので、本来の意味での“ヴォイス”のカテゴリーには参加しないのだが、「される」という文法的なかたちをとることで、他の人間の動作や自分のまわりのできごとをめぐって、その動作やできごとにともなう、あるいは、結果としてひきおこされる“何らかの影響をうけとる”という文法的な意味をあらわす。動作そのもののはたらきかけをうけとるわけではないが、動作やできごとにともなう、あるいは、それによってもたらされる“影響をうけとる”という意味である。そして、そのうけとる影響のなかみが“利益や恩恵”ではなく、“不利益やめいわく”であるという文法的な意味ををあらわす文法的なかたちが、日本語における自動詞の「される」である。

ある文法的なかたちがどういう文法的な意味をもっているかということを正確に確定するということは、その文法的なかたちがどういう文法的なカテゴリーのなかに所属し、どういう文法的なかたちと対立しているかを確認する作業のうえになりたつ。自動詞の「される」という文法的なかたちは、一般的なヴォイスのカテゴリーのなかでの他動詞の「される」という文法的なかたちのもつ文法的な意味とはことなっている。ヴォイスのカテゴリーにおいて、他動詞の「される」に対立する文法的なかたちは「する」であって、この２つの文法的なかたちは、他者にはたらきかける動作をめぐって、“はたらきかけをうける側から”のべるか、“はたらきかける側から”のべるかの対立をなしている。ところが、自動詞の「される」に対立する文法的なかたちを、ヴォイスのカテゴリーにおける「する」という文法的なかたちにもとめるわけにはいかない。ヴォイスのカテゴリーにおいては、他動詞の「する」も「される」も基本的には“動作にともなう、あるいは、結果としてひきおこされる不利益性やめいわく性”に関しては無関心なニュートラルな文法的なかたちである。日本語の動詞の変化形のひとつとして、自動詞の「される」という文法的なかたちのもつ文法的な意味を正確にとらえるということは、それに対立する文法的なかたちは何か、そして、どういう文法的なカテゴリーのなかでの対立なのかを正確に確定することである。すなわち、文法的なカテゴリーのなかでのたがいに対立する文法的なかたちとは何かということをあらためて考えながら、いわゆる“自動詞のうけみ（めいわくのうけみ・第三者のうけみ）”とよばれる文法的なかたちの「される」について、その文法的な意味は何か、そして、このかたちに対立する文法的なかたちと文法的な意味は何か、そして、それらの文法的なかたちがどういう文法的なカテゴリーのなかでの存在であるかを検討しながら位置づけていく必要がある。

たとえば、“降られる・行かれる・泣かれる・死なれる”などのようなものが、“自動詞のうけみ”とよばれる文法的なかたちである。

- 洪作はおぬい婆さんの足にしがみついた。学校へ行かれてはたまらぬと思った。（しろばんば）
- まあ、五人の子供に側でなきたてられてみたまえ。なかなかやりきれた訳のものではないよ。（破戒）
- だが、もしも、この宿で寝込まれるようになっては、どうにも仕方がなくなるのだと、富岡は……（浮雲）
- 二、三人のそういう客に座り込まれると、店いっぱいに、反物が並べられて、その間をぬって歩くのが、たいへんだった。（中谷宇吉郎集）
- 「来られても困るな。僕はいない」（氷壁）
- 佐倉製網としては、どうあってもザイルに切れられては困る！（氷壁）
- 気がせいてたまらなかった。ぐずぐずしていると、ついに鐘に行ってしまわれるおそれがあった。（新美南吉）
- 岩本楼で、夕御飯たべて、雨に降りこめられてしまったの……

（めし）

- ちょうど今のように神田で雨に降りだされて、酒問屋の戸の締まっている外でしゃがんでいると、そこへ駆けこんだ奴がある。（森鷗外）
- 母に死なれたということで、はかりしれぬ境遇の中にほうりだされた松江のゆくすえはどうなるのであろうか。（二十四の瞳）
- 「私、あんな女の方に、家のまわりを歩かれるのはいやです。何か、おありになるンじゃありませんの……。」（浮雲）
- 「二人って。」鮎太は意外だった。二人いられては手紙を渡す相手を知るのに困ると思った。（あすなろ物語）
- 二人の友達に歩き廻られて、美しい雪面を汚されるのがこわかった。（あすなろ物語）

これらの例のように、自動詞からつくられる「される」という総合的な文法的なかたちは、本来のヴォイスのカテゴリーにおける他動詞からつくられる「される」と、文法的なかたちつくりの点では共通しているのだが、そのかたちのもつ文法的な意味の点ではことなっている。これらの例における自動詞の「される」の文法的な意味は、動作の客体として、その動作のはたらきかけをうけるということではなく、動作それ自体に直接的な対象的なかかわりをもたない人間が“そのできごとがもたらす影響をうけとめる”ということになる。このために、このタイプの“自動詞のうけみ”のかたちは“第三者のうけみ”とよばれたりもする。そして、それらの動作やできごとの結果もたらされることのおおくが、“わるい影響やこのましくない状況”であることや、それらの動作やできごとを“めいわくなこと・ありがたくないこと”としてうけとめるという意味から、このタイプの“自動詞のうけみ”のかたちは“めいわくのうけみ”とよばれたりもする。たしかに、この“自動詞のうけみ”という文法的なかたちには“ありがたくないこと・めいわく・不利益のうけとり”という文法的な意味がつねにつきまとっている。このことは、同じように自動詞からつくられて、同じような文法的な構造をもつ「〜してもらう」という分析的な文法的なかたちを述語とする文とくらべてみると、その意味の対比がはっきりする。

・この旅館を出ると、彼は、ついてきてくれた刑事に帰ってもらった。これから先は、一人がよいのだ。（点と線）

・ゆき子は、この島へ死ににきたようなものであった。富岡は、みとりにきてくれた人々に、引きとってもらった。（浮雲）

・この土地はみんな、これでいいと思ったところで、おたがいにうまくやっていくのよ。私のほうはあんたにいてもらうのがいいと思ってるの、あんたどう？（流れる）

・洪作は、それから、また窓のほうへ眼をやった。母にはやくむこうへ行ってもらいたかった。（しろばんば）

・いつも事件がおこったときには、村の青年団が駐在巡査の応援をすることになっていたので、芝田さんは青年団の人々にあつまってもらいました。（新美南吉）

・ゆき子がもどるといったときに、加野はそれでも、もうすこしそこへすわっていてもらいたかった。（浮雲）

・「じゃ、あなたからじかにお父さんにお話なさるんですね。それまで私はだまっていたほうがいいでしょう」と聞いた。代助はだまっていてもらうほうがいいか、話してもらうほうがいいか、自分にもわからなかった。（それから）

・もう一度、富岡には、農林省へもどってもらって、どこでもいい地方の山の中の営林署へでも行ってもらいたかった。（浮雲）

・かならず生きるという自信を持たせなくてはいけないのだ。一日ごとに衰弱して行くうえに治療法がないのだから、食餌と気力で生きてもらうよりほかはない。いまが瀬戸際だ。（黒い雨）

・　「ね、お母さん、ぼくこう思う。落した人にあきらめてもらってね。五百円はぼくが袋はるんだ。そしてね、このごろ駅のところで被災地へおくるお金をあつめてるだろ、あれに入れてくるんだ。」（壺井栄）

これらの例における、自動詞からつくられる「〜してもらう」という分析的な文法的なかたちは、自動詞からつくられる「される」という総合的な文法的なかたちと同じような構造の文のなかでつかわれていて、その文法的な意味は、やはり、“動作それ自体には直接的な客体的なかかわりをもたない人間が、そのできごとのもたらす影響をうけとめる”ということになるのだが、その動作やできごとの結果もたらされることは、“いい影響やこのましい状況”である。すなわち、このタイプの自動詞の「〜してもらう」という文法的なかたちには、“利益のうけとり、ありがたみや感謝のうけとめ”という文法的な意味がこめられている。このような対比のなかで、「される」と「〜してもらう」のふたつの文法的なかたちをみてみると、動作それ自体には直接的な客体的なかかわりをもたない人間が、“そのできごとのもたらす実質的な影響をうけとめる、あるいは、何らかの心理的・感情的な態度をもってそのできごとをうけとめる”という文法的な意味の点で共通する土台のうえにたちながら、一方の「される」のかたちの方には“めいわく（不利益）・わるいできごと（このましくない状況）のうけとめ”という意味があり、他方の「〜してもらう」のかたちの方には“ありがたさや感謝（利益・恩恵）・いいできごと（このましい状況）のうけとめ”という意味があるという点でことなっている。すなわち、現代日本語の使用のなかでは、“他の人間の動作や活動や外的なできごとをめぐって、そのことがらをこのましい状況としてうけとめるか、このましくない状況としてうけとめるか”という“ことがらに対する心理的・感情的な態度（ときには実質的な利益や不利益のうけとめ）”をあらわす、いわばできごとの実現に対する評価的なカテゴリーの一種とでもいえるようなものが、動詞の「される」と「〜してもらう」のふたつの文法的なかたちの対立のなかにつくりあげられている。つまり、“彼に 来られた（めいわく・不都合）”なのか“彼に 来て もらった（ありがたみ・恩恵）”なのかという対立であり、“雨に 降られた（めいわく・不利益）”なのか“雨に 降って もらった（感謝・利益）”なのかという文法的な意味の対立である。これらのふたつの文法的なかたちは、本来は、それぞれべつべつの文法的なカテゴリーのなかに存在しているものであるが、現代日本語の使用の状況のなかでは、あるひとつの共通する意味的な土台をもつ文法的なカテゴリーのなかでの“対立する文法的なかたち”のようにふるまっている。

自動詞の「される」という文法的なかたちのもつ“動作にともなう影響のうけとり”という文法的な意味についてみれば、本来のヴォイスのカテゴリーにとっての周辺的な現象のひとつなのかもしれないし、「〜してもらう」についてみれば、「〜してやる・〜してくれる」とともに、いわゆる“やりもらい”のカテゴリーの内部での現象なのだろう。しかし、現代日本語の使用の状況においては、この２つのタイプの文は、文のなかにさしだされるできごとに対する、はなし手の（あるいは主語の位置にある人間の）心理的・感情的なかかわり方や態度を表現する構造的なタイプとして、それぞれのカテゴリーをまたいで、あるいは、そのカテゴリーから独立して、あらたな“対立する文法的なかたち”として存在している。すなわち、ふたつの隣接する文法的なカテゴリーの接触と相互作用によって、あらたな文法的な意味の対立をつくっている。動詞のこのふたつの文法的なかたちの文法的な意味は、それぞれの本来の文法的なカテゴリーのわくのなかでの連続的な発展のなかからうまれ、そして、そのわくからぬけだしながら、あらたな文法的な意味の対立をつくり、“あらたな文法的なカテゴリー”をうみだして、現代日本語の動詞の文法的なかたちの体系のなかに存在しているともいえる。総合的な文法的なかたち「される」と分析的な文法的なかたち「〜してもらう」とが、“他者の動作やできごとにともなう、あるいは、その結果としてもたらされる影響のうけとめ”という共通する文法的な意味の土台のうえに、“このましくない影響（不利益やめいわく)”と“このましい影響（利益や恩恵)”との対立する文法的な意味をもってあらたな文法的なカテゴリーを形成していくという、現代日本語の使用における文法的なカテゴリーの発展のプロセスの過渡的な状況のひとつとしてとらえることもできる。

他の諸言語におけるヴォイスのカテゴリーとおなじように、日本語のヴォイスのカテゴリーにおいても、他動詞のうけみの「される」という文法的なかたちそのものには、“めいわく”とか“不利益”という文法的な意味がはじめからそなわっているわけではない。基本的には、そういったことにはニュートラルであって、このかたちを述語の位置にすえ、動作の客体を主語の位置にすえることで、“動作の対象となって、そのはたらきかけをうけとる”という、本来のうけみ構造の文の意味をあらわすにすぎない。しかし、自動詞からつくられる「される」という文法的なかたちがおびる文法的な意味は、基本的に“めいわく性・不利益のうけとり”である。さまざまなタイプ・さまざまなバリエーションのうけみ構造の文の発展のプロセスをへて、このようなタイプの“自動詞のうけみ”の文がうまれてきたとしても、現代日本語の使用の状況のなかで、この自動詞の「される」という文法的なかたちのなかに定着している。「される」のもつ“不利益やめいわくのうけとり”という文法的な意味は、「〜して　もらう」という文法的なかたちのもつ“利益や恩恵のうけとり”という文法的な意味との対立のなかでいっそうはっきりと固定的なものになっている。

たとえば、「〜して　もらう」の文の基本的な意味はつぎのようになる。

(A)		かずおが	立つ。	
		かずおが	石を	はこぶ。
(B)	わたしは	かずおに	立って　もらう。	
	わたしは	かずおに	石を	はこんで　もらう。

（A）の文ができごとをえがいている文であるとすれば、（B）の文では、そのできごとに対して、主語にある人間が“ありがたさ”を感じる、あるいは、実質的に利益や恩恵をうけるということをあらわしている。（A）の文が自動詞文であっても、他動詞文であっても、（B）の主語にある文は、そのできごとにありがたさを感じるたちばにあるということであって、（A）の動作の客体・対象であるわけではない。これが「〜して　もらう」というかたちの基本的な文法的な意味である。

・　彼は、ついてきてくれた刑事に帰ってもらった。（点と線）
・　竹子はたのんで、おかあさんについていってもらいました。（壺井栄）
・　芝田さんは青年団の人びとにあつまってもらいました。（新美南吉）
・　私のほうはあんたにいてもらうのがいいと思っているの……（流れる）
・　鉄木真は一応忽蘭という女の存在をボルテに承認しておいてもらいたいと思った。（蒼き狼）
・　岡田に蛇を殺してもらった日のことである。お玉は……（雁）

このことは、つぎのようにおなじ構造をもつ自動詞の「される」の文と、「〜して　もらう」の文を対比してみることで、ふたつのかたちの文法的な意味のちがいがよくみえる。

・　倫が茶の間にすわっていられたのでは、一層気が落ち着かないのである。（女坂）
・　どうも、子どもにたずねてこられて、工合悪いもんですさかい。（めし）
・　まさかこれだけで、手もなくしてやられたまま、あっさりと帰られてしまうこともあるまい。（流れる）
・　ゆき子がもどるといったとき、……もうすこしそこへすわってい

てもらいたかった。（浮雲）

・　おぬい婆さんは……階段の下で倒れ、医者に来てもらって……（しろばんば）

・　貴重な時間をむだに費やされたあげく、たのむようにして帰ってもらった。（明暗）

これらの例のような自動詞文の場合、動作それ自体が直接自分にむかってくるわけではないので、主語にある人間はできごとに対して外的にかかわっていて、「される」の方では“不利益やめいわく”をうけとったり、「～して　もらう」の方では“利益や恩恵”をうけとったり“ありがたさ”を感じとったりするということになる。

しかし、つぎの例における他動詞の「～して　もらう」構造の文では、その恩恵をうけとる主体が動作の直接の客体・対象でもあったり、あい手対象でもあったり、対象に対するもち主としての関係をもっていたりと、動作そのものにもかかわっている。文の構造の点では、ヴォイスのカテゴリーの体系における「される」のかたちのうけみ構造の文と共通していて、“動作の対象”という意味と“利益や恩恵のうけ手”という意味をあわせもつことになる。

（主語が動作の直接の客体・対象であるもの）

・　「堂本さんに、車にのせてもらうんだよ。」（壺井栄）

・　死にそうな病気にでもならぬ限り、部落の者はたれも医者などにはみてもらわなかった。（しろばんば）

・　純一は……幹事の所へ連れていってもらった。（青年）

・　私……満洲の新聞社の人に連れてかえってもらったの。（放浪記）

（主語が「に格」のあい手対象であるもの）

・　巳之助はランプのあつかい方をひととおり教えてもらい、……（新美南吉）

・　ゆき子はこの家の人からさつま芋を分けてもらって……（浮雲）

・　これまで、わしは、ただのいちども、人間からやさしいことばをかけてもらったことはない。（浜田広介）

・　洪作は七重にあたらしいセルの着物を着せてもらった。（しろばんば）

・　「……いつか、おかあさんに童話の本を買ってもらったよ」（坪田譲治）

・　洪作自身もまた、ずいぶんおぬい婆さんにそばがきを作ってもらったが、（しろばんば）

・　「叔父さんは、きのうお父さんからおごってもらったんですってね。」（それから）

・　富岡は……事務所の人たちを紹介してもらった。（浮雲）

（主語が「から格」のあい手対象であるもの）

・　巳之助は村の雑貨屋へ、つくったわらじを買ってもらいによくいったので……（新美南吉）

・　それがしからのお礼だ。失礼ではあろうが、笑って受けとってもらいたい。（お伽草紙）

・　主人は蛆を取りのぞいてもらったのがうれしくて、感謝のしるしに……（黒い雨）

・　私も……エプロンを君ちゃんにはずしてもらうと……（放浪記）

（主語が体の部分や側面のもち主・もち物のもち主であるもの）

・　鮎太は……雪枝に頭をぬれ手拭いで冷やしてもらった。（あすなろ物語）

・　ゆき子は……産婦人科医をたずね、からだを診てもらった。（浮雲）

・　三千代は、誰かに、しっかりと、両手をつかんでもらいたいよう

　　な、さびしさだった。（めし）

・　バリカンをとりだしてきて……「なんならうちのお父さんにでも刈ってもらったらどうです」（壷井栄）

・　白川はひ弱くなった心を倫に抱きかかえてもらいたいと思う（女坂）

・　倫は……自分というものの内心の欲望や情緒を底の底まで良人にわかってもらいたいのだった。（女坂）

・　私は裁縫を母に見てもらいながらしたり、家事の手伝いを……（素足の娘）

・　洪作は……教師の犬飼のもとへ勉強を見てもらいにいった。（しろばんば）

・　私は運転手の吉さんに行李をかついでもらうと……（放浪記）

・　僕は彼女に書架の一部をぞうきんでふいてもらった。（彼岸過迄）

　これらの例のように、「される」のかたちのうけみ構造の文とおなじ構造のなかでつかわれる場合には、「～して　もらう」のかたちは、“ありがたさ・利益・恩恵”の文法的な意味をあらわすだけではなく、動作の客体・対象としての“うけみ・受動 passive”の文法的な意味もあわせもつことになる。

　うけみ構造の文における「される」の文法的な意味は、基本的には、“不利益（めいわく性”にはかかわりのない“動作の客体・対象”である。一方、「～して　もらう」の文法的な意味は、基本的には“できごとに対してありがたさを感じたり、利益や恩恵をうけとる”ことの表現であるというふうにはじめにおさえておいたのだが、それぞれを「する」という文法的なかたちとの対比において、べつべつの文法的なカテゴリーのなかで検討すればそういうことになるのだろう。しかし、おなじ構文的な構造のなかに「される」と「～して　もらう」のかたちをすえて、その文法的な意味を対比させて検討してみたとき、必ずしもそうとばかりも言えない場合がある。他動詞の「〜して　もらう」のかたちが、文の構造の点からみると本来のヴォイスの体系におけるうけみ構造の文とおなじように、たしかに動作の客体・対象であることを表現していながら、“ありがたさ・利益性”の点ではむしろニュートラルになっているような場合がみられる。こういった場合に、これらを「される」のかたちにおきかえることの方が不自然であって、もしおきかえようとすると、ことさらに“めいわく性”を強調するか、あるいは「される」のかたちにおきかえられないかである。

自動詞の構文においては、「される」と「〜して　もらう」の文法的なかたちは、たしかに“ありがたさ・めいわく性”において、たがいに文法的な意味を対立させている。しかし、本来のうけみ構造の文とおなじ構造をもつ他動詞の構文においては、このふたつの文法的なかたちは、たがいの存在を前提にして“ありがたさ”と“めいわく性”の文法的な意味をおびたり、失ってニュートラル化したりしながら、意味領域を分担しあっているように思われる。動作の直接的な客体・対象である場合、あい手対象である場合、部分・側面のもち主や所有物のもち主である場合と、それぞれ“ありがたさ・めいわく性”のニュアンスがことなっていて、たがいの文法的なかたちの存在を前提にしながらその文法的な意味がゆれうごいている状況なのかもしれない。実際、現代日本語の使用の状況のなかで、さきにあげた例において「〜して　もらう」を「される」におきかえたり、つぎの例文をくらべたりしたときに、恩恵性やめいわく性の点で、どちらがニュートラルなのだろうか。単語の語い的な意味や場面状況によってもことなるだろうが、「〜して　もらう」のかたちの恩恵性がよわまってニュートラル化したり、「される」のかたちがニュートラル性を失ってめいわく性をおびてきたりすることがあるだろう。

・ぼくは　お父さんに　海に　つれて　いって　もらった。
　　　　　　　　　　　　　　つれて　いかれた。
・ぼくは　ともだちから　小包みを　送って　もらった。

			送られた。
・ぼくは	男から	金を	かりて もらった。
			かりられた。
・ぼくは	母に	髪を	切って もらった。
			切られた。
・ぼくは	父に	荷物を	はこんで もらった。
			はこばれた。

本来は、利益性にも不利益性にもニュートラルなヴォイスのカテゴリーの「される」のかたちに、“動作にともなう不利益性・めいわく性”の文法的な意味がになわされる場合、この“やりもらい”のカテゴリーに接することで対比的にその“めいわく性”の意味がきわだたせられたり、ときには反対に、「〜してもらう」のかたちの“恩恵性”をうすめさせたり、ニュートラル化させたりする。

文のなかでの動詞の文法的なかたちと文法的な意味について、文法的なカテゴリーのもとで検討することの必要性を“ヴォイス”と“やりもらい”を例として具体的にのべてみたものである。あるひとつの文法的なカテゴリーのなかでの文法的なかたちの調査研究にとって、それに隣接する文法的なカテゴリーは、直接には、その接している部分だけが関係していることになるのだろうが、その隣接するカテゴリーそれ自身もまた、おおきな研究対象となるような体系をもっている。この報告では、自動詞のうけみ構造の文とやりもらい構造の文を対比させながら、動作にともなう“めいわく性”と“恩恵性”の対立をつくる文法的なかたちを検討してきたのだが、“ヴォイス”のカテゴリーは、“やりもらい”のカテゴリーのほかにも、“文の人称性”のカテゴリーとも、“アスペクト”のカテゴリーとも、“可能性の表現”のカテゴリーとも接している。そして、“文の人称性”のカテゴリーもまた、“文のモダリティ”のカテゴリーや“文のテンポラリティ”のカテゴリーとも密接なむすびつきをもっている。ある文法的なかたちをとりあげて、その文法的な意味を研究する際に、正確な文法的なカテゴリーのもとで“対立物の統一”として検討することは学問研究の基本であるのだが、それらをあますところなく記述するには、こういった隣接する文法的なカテゴリーの研究成果と、さらには、世界の言語学の普遍性のもとでの個別言語学としての文法体系全体の研究の成果が必要になる。

（あとがき）

この報告は、東洋大学の王学群先生からの依頼をうけてこの論文集に掲載させていただくことになったものであるが、“動詞の文法的なかたちの体系”のあり方や“動詞の文法的なカテゴリー”の一般的なあり方については、『ことばの科学１４』（言語学研究会　2022 年　むぎ書房）のなかの「自動詞のうけみとやりもらい構造の文」のなかで、もう少しくわしくのべている。“やりもらい構造の文の体系”のこともふくめてのべているので、あわせて参照していただきたい。また、この報告では用例を少なくして、コンパクトにまとめるように心がけたので、だいぶ、はしょった感がある。「うけみ構造の文」と「やりもらい構造の文」の実際のくわしい用例による記述については、『ことばの科学　1』（言語学研究会　1986 年　むぎ書房）と『教育国語　84 号』（教育科学研究会国語部会　1986 年　むぎ書房）を参照していただきたい。この報告でもちいた用例も、これらの論文からの引用である。

“给”を用いる「やりもらいのむすびつき」

The Implication of “Give in Exchange for” Inherent in “*Gei*”

高橋 弥守彦
TAKAHASHI Yasuhiko

提要 汉语可以用“给”组成“授受组合”的短语。“给”是反向同形词，具有［あげる］和［もらう］两种意思，但基本义为［あげる］。“给”仅为单词的话不会发生意义上的变化，而放到短语里的时候则会产生派生义。本文探讨短语中的“给”是如何从［あげる］变成反向语意的［もらう］的同时，进一步阐明由“给”组成的“授受组合”短语的几种结构形式。

キーワード：連語論　やりもらいのむすびつき　動詞　介詞　言語環境

0. はじめに

中国語の単文は、一般に以下に挙げる例（1）（2）の問答形式に見られる疑問文や平叙文のように、単語と連語とで作られている。しかし、その基本となる文は、やはり以下のような問答形式に見られる平叙文のように下線で示す単語形式（例 3）・連語形式（例 4，5，6）の平叙文である。

（1）你在哪儿学习？　我在外语学院学习。（『実用』1、p. 134）
どこで勉強をしていますか。　外語学院です。（筆者訳）

（2）你有几本杂志?　我有一本。（『実用』1、p. 132）
雑誌を何冊持っていますか。　一冊持っています。（筆者訳）

（3）请等一等，好吗？　好。（『実用』1、p. 174）
ちょっとお待ちくださいますか。　ええ。（筆者訳）

（4）星期三有没有课？　有课。（『実用』1、p. 192）

水曜日は授業がありますか。　ありります。（筆者訳）

（5）您忙不忙？　我很忙。（『実用』1、p. 133）

お忙しいですか。　とても忙しいです。（筆者訳）

（6）现在几点？　现在两点。（『実用』1、p. 190）

今何時ですか。　今 2 時です。（筆者訳）

筆者の分析によれば、例（1）の平叙文“我在外语学院学习。”は、単語“我”と連語“在外语学院学习”、例（2）の“我有一本。”は、単語“我”と連語“有一本”からなる文である。中国語は、一般的に言えば、単語と連語とで作るこの類の構造を基本とする文や分文が一番多いだろう。例（3）の平叙文“好。”は、単語形式“好”にイントネーションを加えた文、例（4）（5）（6）の“有课。”“我很忙。”“现在两点。”は、連語形式“有课”“我很忙”“现在两点”[1]にそれぞれイントネーションを加えた文である。

述語に焦点を当てれば、例（1）（2）（4）は動詞述語文、例（3）（5）は形容詞述語文、例（6）は名詞述語文である。このうち、一般的に言えば、文はヒトの動作や行為などを表す動詞述語文が一番多く用いられている。よく見られる動詞述語文は例（1）と（2）のような文構造である。この 2 例に用いられている動詞はいずれも客体をとれるが、文中ではよく説明連語「名詞＋動詞」と選出連語「動詞＋名詞」に用いられる動詞は異なる。ところが、中国語の動詞は、ごくまれに説明連語にも選出連語にも用いられる動詞“窗户开。”［窓が開く。］、“开窗户。”［窓を開ける。］（自他同形語“开”［開く］）と、反義同形の動詞“老师上课。”［先生が授業をする。］、“同学们上课。”［学生が授業を受ける。］（反義同形語“上课”［授業

---

1 《提要》では、例（1）（5）の“我在外语学院学习”“我很忙”は主述連語（p. 13～14）、例（4）の“有课”は動客連語（p. 9）と言っている。筆者（2006）は品詞と文成分とは同一体系ではないので、連語に両者が混在する用語（動客連語）や文成分レベルの用語（主述連語）を用いるべきではないと考え、これらとは異なる用語「説明連語（例 1，5）、選出連語（例 4）」（p. 264～267）を用いている。

に出る]）がある。本稿では、中国語のやりもらい動詞である反義同形語の“给”に焦点を当て、中日両言語の動詞の特徴を調査し、その理由について検討してみよう。

1. 中国語と日本語の動詞

1.1 日本語の動詞

ヒトは誕生してから生きるためにモノを食べる。ヒトが生きるためにはモノを手に入れる必要がある。ヒトは動物から食料を手に入れる方法を学ぶ。たとえば、ライオンから小さな動物を捕ることを学び、シマウマから草を食べることを学び、サルから果物を取ることを学ぶ。これらの動物の食料を手に入れる方法を見ると、ヒトにとって、生きるために必要な意思を表す動詞としての他動詞が重要である。それゆえ、他動詞がまずヒトの世界に現れる[2]。

（7）枝を落とす（作例）　割树枝

（8）枝が落ちる（作例）　树枝掉下来

1.2 中国語の動詞

中国語の動詞は、以下の下線部の3例に見られるように、及物動詞（例9、他動詞）と不及物動詞（例10、11、自動詞）とに大別される。

（9）这里面有“顺序法”和“优选法”之争。猎物是丢了钥匙的孩子。(『人民』90－4－99)

「順序法」と「優先法」の争い、目指す獲物は、かぎをなくした子供。(同上)

(10) 日上中天时，他的孩子又开始哭起来。……(『人民』97-3-87)

---

2 鈴木康之（2011：p. 8）は、「ヒトの動作を意味する動詞連語」（枝を折る）と「モノの動きを意味する動詞連語」（枝が折れる）を挙げ、ヒトの動作（枝を折る）があるから、モノの動き（枝が折れる）があると説明し、ヒトの動作とモノの動きは無関係ではなく、密接な両者の関係を明らかにしている。

太陽が中天に上る頃になると、またまた赤ん坊の泣き声が聞こえてきたが、……(同上)

（11）说也怪，爷爷拧的耳朵并不痛，胖胖倒真的哭了。（『人民』90−4−99)

ふしぎだ、おじいさんにひねられた耳はちっとも痛くないのに、胖胖はほんとに泣き出してしまった。（同上)

例（9）の“丢了钥匙”の“丢”はモノ名詞としての客体“钥匙”をとっているので、他動詞だが、例（10）の“上中天”の“上中天”は客体をとっていても、“中天”がモノ名詞ではなく、場所名詞なので、自動詞である。例（11）の“倒真的哭了”の“哭”は、一般に主体の動作であり、モノ名詞などの客体をとれないので、やはり自動詞である。

1.3　自他同形語の動詞

前述するように、中国語の“开”は自他同形語（“窗户开。”“开窗户。”）であり、“上”は反義同形語（“老师上课。”“同学们上课。”である。しかし、“上”は以下の 2 例にも見られるように、自他同形語でもある。とはいうものの、自動詞としての“上”［あがる］[3] が基本的な意味であり、空間詞と組み合わさる“上”の機能により、例（13）のような他動詞としての用法[4] が生まれる。

（12）等我上了车，一个女孩儿正跟我那朋友大吵。（『人民』90-6-98)

オレが乗ったら、子供っぽい娘が友達にくってかかっている

---

3 高橋弥守彦（2001：77）では、“上”を移動動詞の一つとしている。本稿では、「進行義」を表す 3 類の移動動詞“走上来”を有様により移動を表す有様移動の動詞“走”、位置の移動により移動を表す位置移動の動詞“上”、視点のある移動により移動を表す趨向移動の動詞“来”の 3 類に分けている。

4 高橋弥守彦（2020：155〜158）では、基本用法「“上”＋空間詞」の意味により、本構造の機能を「進行、接近、到着、移り、進入、出現」の 6 類に分類している。この 6 類の機能のうち、モノ名詞との組み合わせは進行義の機能により、“上螺丝”［ねじをつける］が可能になり、“上”が他動詞になることを明らかにしている。

ところだった。（同上）

（13）至于调味品虾油酱油醋什么的就更不用我饶舌，她必定在上菜之前都摆在我面前。（『人民』97-1-71）

エビ油、しょう油、酢などの調味料も、料理が出る前にちゃんと揃えてくれた。（『人民』97-1-70）

例（12）の“上了车”［乗ったら］（自動詞）は、言語環境により“车”を減訳してあるが、［バスに乗った］の意味である。例（13）の“上菜”［料理が出る］は［料理を出す］の意味である。翻訳は文の種類によってではなく、意味によって訳すので、他動詞“上菜”［料理を出す］が自動詞［料理が出る］[5]で訳されている。

1.4　反義同形語の動詞

以下の 2 例に見られるように、中国語には反義同形語の単語がある。“上”は自他同形語であると同時に、反義同形語でもあるが、自動詞としての“上”［あがる］が基本である。

（14）“上三楼干什么?”“听我的，上去就知道了。”（『人民』95－1－101）

「三階に行って何するんですか？」「言うことを聞きなさい、上がったら分かる」（『人民』95－1－100）

（15）“可不是嘛，我总是觉得有点不对头。这孩子，也不吭声。走，上我家吃饺子。”说完，她像赶小羊羔似地要胖胖上六楼。（『人民』90－4－98）

「やっぱりそうだったのね。おかしいなと思ってたの。この子ったら、なんにも言わないんだから。さあ、うちへ来て餃子をおあがり」こういうと、蒋おばさんは子羊でも追うように胖胖を六階へせきたてた。（同上、90－4－99）

5　高橋弥守彦（2020：84～87）にヴォイスの体系があることにより、他動詞が自動詞で訳されることもあると指摘している。

中日両言語では、中国語は実質視点、日本語は話題視点[6]で表現するので、例（14）の連語“上三楼”の訳は［三階に行って］、例（15）の連語“上我家”　の訳は［うちへ来て］となる。この 2 例は連語論の観点で言えば、どちらもA点からB点への「空間的な移りのむすびつき」であり、どちらも行き先が現在位置より上の空間にあるので、主体が行先まで移らなければならない。そのために、中国語では“上”を用いるが、同じ位置移動の動詞“上”を使ってあっても、2 例は言語環境により、日本語では反義の［行く］と［来る］で表現されている。

中国語には上掲のように自他同形語や反義同形語の単語がある。“给”［あげる、もらう］も反義同形語だが、基本は［あげる］の意味である。

（16）到了北京路口，她掏出十元钱中剩下的四元给他：“今晚车费我付，到地方了你给他！”（『人民』89－12－102）
北京通りの交差点にくると、十元のうち残っていた四元をポケットから出して、彼に渡した。「今夜の車代、わたしが払うわ、あなたの所に着いたら、その人にあげて」（同上）

（17）妈妈说：“苗苗，这钱给妈妈，帮你买件衣衫。”（『人民』88－2－96）
「苗苗、このお金、ママにちょうだい。お洋服買ってあげるから」とママ。（同上、88－2－97）

例（16）は“到地方了你给他”［あなたの所に着いたら、その人にあげて］の“给”は［あげる］の意味だが、例（17）の“这钱给妈妈”［このお金、ママにちょうだい］の“给”は［ちょうだい］の意味である。［ちょうだい］は［もらう］の丁寧語[7]である。“给”は、どのような理由によって、［あげる］から［もらう］の意味が生じたのだろうか。

6 高橋弥守彦（2020：57～74）に実質視点と話題視点の違いが詳述されている。
7 『新明解国語辞典』（1989：752）に、この説明あり。

2. やりもらいを表す反義同形語の“给”

日本語でも「やりもらいのむすびつき」に用いるやりもらい動詞は、基本として、「やりもらいをする相手」と「やりもらいをするモノ」の二つの客体をとる。日本語の名詞は格が発達しているので、二つの客体はどちらが先でも後でも連語としては成立するが、語順は「ニ格の人名詞＋ヲ核のそれ以外の名詞」が基本である。中国語のやりもらい動詞“给”も二つの名詞をとるが「ヒト名詞＋それ以外の名詞」の語順である。

2.1.「やりもらいのむすびつき」の語順

一般に「やりもらいのむすびつき」は、日本語では「やりもらいをする相手」と「やりもらいをするモノ／情報」と「やりもらい動詞」の3単語から作られ、「やりもらいをする相手＋やりもらいの対象物：モノ／情報＋やりもらい動詞」の語順である。この語順は、やりもらいをする相手は決まっていて、何をやりもらいするか何を伝えるかなどは、その場やあとで決めるからである。中国語では、以下の文に見られるように、「やりもらい動詞＋やりもらいをする相手＋やりもらいの対象物：モノ（例 18）／情報（例 19）」[8] となる。

（18）他送了小李一束花儿。（高橋弥守彦 2006：67）
　　彼は李さんに花を一束プレゼントした。（同上）

（19）他教我们汉语。（高橋弥守彦 2006：67）
　　彼は私たちに中国語を教えています。（同上）

2.2 “给”を用いる「やりもらいのむすびつき」の構造

中国語の「やりもらいのむすびつき」は、やりもらい動詞“送、教”が 2 つの客体をとる上掲例（18）（19）のような「やりもらい動詞＋やり

---

8 高橋弥守彦（2006：67）でやりもらい動詞から「モノのやりもらい」“送、给、还、借……”と「情報のやりもらい」“教、叫、告诉、问……”に大別し、「やりもらいのむすびつき」について詳述している。

もらいをする相手＋やりもらいの対象物」構造である。

2.2.1　やりもらい動詞が 2 つの客体をとる場合の構造「“给”＋名詞＋名詞」

やりもらい動詞が 2 つの客体をとる「やりもらいのむすびつき」の基本構造は、一般には「“给”＋ヒト名詞＋モノ名詞など」の語順である。ヒト名詞がモノ名詞などの前に来るこの語順は、主体とやりもらいの相手となる客体が先行し、やりもらいの対象物が後行するからである。本むすびつきは、よくヒトへのやりもらいを表す。

(20)　逢了妈妈回家住几天，姥姥便顿顿把餐桌上安排得格外丰盛，而且还常常偷偷给妈妈一些日常生活用品，比如鞋面呀，或者干枣呀香油什么的。(『人民』91－1－96)
母が何日か家に戻って来るようなことがあると、祖母は急いで食事の用意をする。それも、すごいご馳走なのだ。(※脱訳：アッパーや) 干しナツメやゴマ油など日常の生活品をこっそり母にあげるのも、いつものことだった。(同上、91－1－96～97)

(21)　两位渔民似信非信，最后对孩子的娘说，要不这样吧，你给我们一百块钱，我们把鳖让给你算了。(『人民』94－11－101)
漁師たちは半信半疑のようすだったが、じゃあこうしよう、と母親に言った。わしたちに百元おくれ、それでスッポンはお前さんたちのもんだ。(同上、94－11－100)

(22)　“李师傅，你和小李也不是成心把窗户扔下去的，今天风太大，我也不怪你们，窗户你俩抓紧做，我给你们本钱。”(『人民』21－3－88)
「李さん、あなたもおいごさんもわざと窓を放り投げたわけではないし、今日は風が強かったから、あなたたちのせいとは思わないよ。窓を急いで作ってくれれば、その費用は払うよ」(同上、21－3－89)

例（20）の“还常常偷偷给妈妈一些日常生活用品，比如鞋面呀，或者干枣呀香油什么的”［（※アッパーや）干しナツメやゴマ油など日常の生活品をこっそり母にあげるのも、いつものことだった］も、例（21）の“给我们一百块钱”［わしたちに百元おくれ］も、やりもらいのむすびつきである。例（22）の“给你们本钱”［その費用は払うよ］もやりもらいのむすびつきであるが、日本語訳は［あげる、もらう］の意味から掛け離れ、かなり推敲された名訳となっている。

例（20）はやりもらいのむすびつきの拡大動詞連語“还常常偷偷给＋妈妈＋一些日常生活用品，比如鞋面呀，或者干枣呀香油什么的”だが、日本語訳は「…ヲ…ニ…アゲル」で、語順が中国語と異なるので、こちらは派生訳である。例（21）の構造“给＋我们＋一百块钱”は、やりもらい動詞を核とする典型的なやりもらいのむすびつきの構造「やりもらい動詞“给”＋やりもらいをする相手“我们”＋やりもらいの対象物“一百块钱”」で、日本語訳は「…ニ…ヲ…オクレ」である。語順は中国語と日本語は同じなので、こちらの日本語訳が基本訳といえる。基本訳であれ派生訳であれ、どちらも日本語としては正しい。日本語が語順を替えることができるのは、名詞の格が発達しているからである。ただし、前に用いる語句のほうが影響力は強い[9]。例（22）の“给你们本钱”［その費用は払うよ］も、中国語は典型的なやりもらい構造だが、日本語はやりもらい構造ではなく、かなり推敲された名訳[10]となっている。

2.2.2　やりもらい動詞が１つの客体をとる場合「“给”＋名詞」

本節は、やりもらい動詞がヒト客体を一つしかとっていない場合の構造である。一般にモノ客体はその前に前置されている。

（23）他又在空中抓了几粒，给沁沁。（『人民』89－3－102）
　　空中でタネを数粒つかむと、彼はシンシンにあげた。（同上）

---

9 高橋弥守彦（2006：275）に「影響力前置のルール」が詳述されている。
10 高橋弥守彦（2020：144～149）では、このような訳を「換言訳」と名付けている。

(24) 爸爸说：“苗苗，这钱给爸爸，帮你买最好看最好看的小人书。”(『人民』88－2－96)

「苗苗、このお金でパパが、すごくすてきな絵本を買ってやろう」とパパ。(同上)

(25) 到了北京路口，她掏出十元钱中剩下的四元给他：“今晚车费我付，到地方了你给他！”(『人民』89－12－102)

北京通りの交差点にくると、十元のうち残っていた四元をポケットから出して、彼に渡した。「今夜の車代、わたしが払うわ、あなたの所に着いたら、その人にあげて」(同上)

(26) 她还寄两本书给我：“张海迪的故事”、“生命的诗篇”。(『人民』88－8－97)

本まで送ってきた。『張海迪の物語』と『生命の詩篇』の二冊だ。(同上、88－8－97～98)

(27) 大概是出于一种病人的变态心理吧，一天姥姥对正给她喂饭的舅妈说：“玉凤，你也不必这样伺候我，那副玉镯我早就给了敏儿妈了！”(『人民』91－1－96～97)

病人の一種異常な心理のせいだろう、祖母はご飯を食べさせてもらっているおばに、こんなことを言った時がある。「玉鳳、そんなにあたしの世話をすることはないよ、あの玉の腕輪は、とうにミンの母親にあげてしまったんだからね！」(同上、91－1－97)

やりもらい動詞が1つの客体をとる場合「“给”＋名詞」の客体はヒト名詞である。もう一つのモノ名詞は、その前の分文か同一分文中かに現れている。例（23）の“给沁沁”［シンシンにあげた］ではモノ名詞“几粒”は前の分文中、例（24）の“这钱给爸爸”［このお金でパパが］のモノ名詞“这钱”は同一分文中、例（25）のモノ名詞“四元”は、前者“她掏出十元钱中剩下的四元给他”［十元のうち残っていた四元をポケットから出して、彼に渡した］は同一分文中、後者“你给他”［その人にあげて］も前者と同様の“四元”である。例（26）の“还寄两本书给我”［本まで送ってきた］の“给”は連用連語の後項に用いられている。例（27）の“那副玉镯我早就给了敏儿妈了”［あの玉の腕輪は、とうにミンの母親にあげてしまったんだからね］は、モノ名詞“那副玉镯”が主体“我”の前に前置されている。モノ名詞の文中における位置は多様である。やりもらいのむすびつきは、語順の固定しているやりもらい動詞とヒト名詞との関係がより重要である、と言える。

例（23）から例（25）の“给”の訳をみると、［あげる］（例 23, 25 の後）と［ちょうだい］（例 24）とがある。両者は反義である。この両者を見るだけでは、なぜ反義になるのかは分からないが、例（25）の前の［わたす］はヒトによるモノの移動「ヒトからヒトへモノをわたす」である。［わたす］はヒトによるモノの移動だから、言語環境により、その移動義に基づくと、［あげる］にもなるし、［もらう］にもなる。［あげる］と［ちょうだい］は反義語だが、［わたす］を仲介とすることにより、言語環境により、この反義表現が成立する。

2.2.3　やりもらい動詞の前に方式を表す動詞のある 2 つの客体をとる構造「動詞＋“给”＋名詞＋名詞」

本むすびつきの中で、やりもらい動詞“给”の前に、どのようなやりもらいをするのかを表す動詞を用いる連語「動詞＋“给”＋名詞＋名詞」がある。中国語は具体性を好む表現なので、“给”の前に動詞を用いる本構造は、文中によく用いられている。

（28）第二天常平又带来两条炸鱼，他要拔给鞠芳一条，鞠芳直躲着用手挡，一下子把鱼弄掉在桌子上。（『人民』89－6－98）
つぎの日、常平は魚のフライを二つ持ってきた。鞠さんに一つすすめようとしたが、手でふたをされて、魚は机の上に落ちてしまった。（同上、89－6－99）

（29）第二天当他出门时，老伴递给他一根削好的木棍。（『人民』88

—5—91)

翌日家を出るとき、老妻が削った木の棒をくれた。(同上)

(30) 常平这回再不给她带菜了，却在一天下班前，塞给了她一张电影票。(『人民』89—6—99)

常平はもうおかずをすすめはしなかった。そのかわり、ある日退勤前に、映画の券を一枚その手に押しつけた。(同上)

(31) 一天，午间吃饭时，忽然来了一个二十几岁的漂亮姑娘，很随便地走进办公室后，便直奔常平走去，笑吟吟地递给常平一个标致的不锈钢小饭盒。(『人民』89—6—100)

ある日、昼の時間に、はたちすぎのきれいな娘が不意にあらわれ、すたすたと事務室に入ってきて、まっすぐに常平のところへ行き、笑いながらステンレスの気の利いた小型の弁当箱を渡した。(同上)

例(28)の“要拔给鞠芳一条”[鞠さんに一つすすめようとしたが]は、本構造の前に能願動詞の“要”がある拡大動詞連語である。例(29)の“递给他一根削好的木棍”[削った木の棒をくれた]は、典型的なやりもらいのむすびつきである。例(30)の“塞给了她一张电影票”[映画の券を一枚その手に押しつけた]も、典型的なやりもらいのむすびつきである。例(31)の“笑吟吟地递给常平一个标致的不锈钢小饭盒”[笑いながらステンレスの気の利いた小型の弁当箱を渡した]は、本構造の前に状況語“笑吟吟地”がある拡大やりもらいのむすびつきである。いずれもやりもらい動詞が二つの客体をとる「やりもらいのむすびつき」を表す連語である。

2.2.4　やりもらい動詞の前に方式を表す動詞があり、1つの客体をとる場合「動詞＋“给”＋名詞」

本構造はやりもらい動詞がヒト客体しかとっていない場合である。もう一つのモノ客体などは、一般に同一分文中か、その前の分文中に現れている。実例を見てみよう。

(32)　一天，吕星说：“咱们这么呆着也不是事儿。我琢磨了一下，房子退给咱们了，得利用利用。我想开个饭馆。”（『人民』94－10－97）

ある日、呂星が言った。「ぼくたち、こんなにぼんやりしてたって、しょうがないよ。とことん研究した結論なんだけど、家も返してもらったんで、これを利用しなくちゃね。ぼく、食堂をやろうと思うんだ」（同上、94－10－96）

(33)　先生说：这荣誉是河水的，应该还给它。（『人民』94－7－93）

この名誉も川があったからなんだから、川に返すべきだ、と先生は言った。（同上）

(34)　娘把一枚洗刷明亮的五分硬币递给我，说：“民，你把它包进饺子里，看明早谁有福气吃到它。”（『人民』97－5－87）

おふくろがぴかぴかに磨いた五銭硬貨を僕に渡して、「民よ、これをどれかギョウザの中さ入れとけや、明日の朝、誰が来年の福を引き当てたか分かるけの」と言う。（同上、97－5－86）

(35)　因为住筒子房，六户人家挤在一间小屋里做厨房，每当做饭时，六个锅灶一齐冒烟，邻居们相互叙说着当天的见闻，交流着做菜的艺术，别有一番情趣在心头，有时候，誰家买了一种新鲜菜，就分给大家尝尝，在各家炉灶上都放上一束。（『人民』88－2－98）

長屋だから、六家族がいっしょに一つの小さな台所を使う。食事どきは、六つのカマドが一斉に煙を吐く。その日見聞きしたことを話したり、料理の腕を見せ合ったり、心弾む一時だ。珍しい野菜を買ってくれば、みんなに食べてもらおうと、それぞれのカマドの上に一束ずつ置いてあることがある。（同上、88－2－98～99）

（36）他递给她的不是材料，而是一页简短的求爱的信，要求表态。
（『人民』89－6－99）
常平が鞠さんに渡したのは、書類ではなくて、一頁だけの簡単な求愛の手紙で、回答を要求しているものだった。（同上）

（37）谁料，三十七岁时布欢儿却嫁给了另一个人，只因那人长相酷似老吴——从他少年时的照片上看。（『人民』21－2－82）
37 歳の時、布歓児が別の人と結婚しようなどとは誰も予想できなかっただろう。彼女はその相手が、呉さんに似ている——少年時代の彼の写真から判断する限り——という理由だけで結婚したのだ。（同上、21－2－83）

やりもらいのむすびつき「“動詞＋给”＋名詞」構造で作る名詞は、ヒト名詞であり、もう一つのモノ客体などは、一般に同一分文中か前の分文中に現れている。ただし、本構造はひとまとまり性のあるやりもらいのむすびつきの意味により、モノ客体などがやりもらい動詞の後に用いられる場合（例 36）やない場合（例 37）もある。

例（32）の“房子退给咱们了”［家も返してもらったんで］は、やりもらいのむすびつき“退给咱们了”の前にモノ客体“房子”がある。例（33）の“这荣誉是河水的，应该还给它”［この名誉も川があったからなんだから、川に返すべきだ］は、コト客体“这荣誉”がその前の分文中にある。例（34）の“把一枚洗刷明亮的五分硬币递给我”［ぴかぴかに磨いた五銭硬貨を僕に渡して］は“把”を用いてモノ客体“把一枚洗刷明亮的五分硬币”を前置させている。例（35）の“就分给大家尝尝”［みんなに食べてもらおうと］はヒト客体の後に動詞“尝尝”が用いられている。“尝尝”の客体は、その前の分文中のモノ客体“一种新鲜菜”である。例（36）の“递给她的”［鞠さんに渡したのは］は、モノ客体“一页简短的求爱的信”がやりもらい動詞の後にある珍しい例である。例(37)の“嫁给了另一个人”［別の人と結婚しようなどとは］になると、もう一つのモノ客体などがなくても意味的なまとまり性を表すことができるので、文中にモノ客体などが現れていない。

2.2.5　介詞“给”の後に名詞と動詞と名詞とがある場合「介詞“给”＋名詞＋動詞＋名詞」

「介詞“给”＋名詞＋動詞＋名詞」構造は、「やりもらいのむすびつき」だけでなく、他のむすびつき「とりつけのむすびつき」[11]も作れる。実例を見てみよう。

(38)　一个女人夹着一件上衣，寻寻觅觅走来。对一个观棋的中年男子说：“走吧！元元的作业写完了。”说着把上衣给他披在身上。(『人民』97－2－87)

男物の上着を小脇にかかえた婦人が、左右を覗きながらやってくると、将棋を見ていたひとりの中年男性の肩にそっと掛けながら言った。「あなた、もういいわよ、元元の宿題終わったわ」(同上、97－2－86)

例（38）の“把上衣给他披在身上”［ひとりの中年男性の肩にそっと掛けながら］は「とりつけのむすびつき」である。例（38）のモノ名詞が省略された訳文［(上着を) ひとりの中年男性の肩にそっと掛けながら］の構造は「モノ名詞（上着を）＋場所的な名詞［ひとりの中年男性の肩に］＋とりつけ動詞［(そっと) 掛けながら］」であり、構造は「ニ格の場所的な名詞＋とりつけ動詞」となる。しかし、本構造であっても、以下の実例のように、動詞の意味により、ひとまとまり性のある「やりもらいのむすびつき」が作れる。

(39)　苗苗把手帕包起来，抱着它趴在奶奶的怀里，说：“我要给奶奶买件大棉衣，奶奶可冷呢！她的手都和冰棒一样了。”(『人民』88－2－97)

苗苗ちゃんはハンカチでお金をくるむと、それを抱いておば

11　鈴木康之（2011：12～13）に「とりつけのむすびつき」（ニ格の場所的な名詞＋ヲ格のもの名詞＋とりつけ動詞：肩にコートを掛ける）が詳述されている。

あちゃんの胸にもたれた。「ボク、おばあちゃんに綿入れ買ってあげるんだ。おばあちゃんすごく冷たいよ、ほら、アイス・キャンデーみたいな手してるよ」(同上)

(40) 利贞妈乐颠颠地跑来，拉着多多的手："好孩子，就这么干，姥姥给你煮两个鸡蛋吃。"(『人民』89－1－99)

利貞の母も利貞の母で、喜色満面、飛んで出てきて、多多の手を引き寄せ、「いい子、いい子。ごほうびに、おばあちゃんが、二つたまごをゆでてあげますからね」(同上)

(41) 今年春天，大儿子去南方出差，回来时给老孙头带来一根竹节手杖，手杖笔直结实，拿在手里沉甸甸的，黄色的竹竿上还烫着两行草书："福如东海长流水，寿比南山不老松。"(『人民』88－5－90)

今年の春、総領息子が南の方へ出張。帰りに、竹製の杖を買ってきてくれた。真っすぐで、しっかりしていて、手にすると重みがある。オレンジがかった黄色の柄のところに、草書体で字が二行焼きつけてある――「福なること、東海の長流水の如し。寿なること、南山の不老松に比す」。(同上)

(42) 弟骑着一辆旧自行车，驮着两袋黄灿灿的小麦，给我送到学校面粉厂。(『人民』97－5－87)

弟がおんぼろ自転車に粒よりの小麦を二袋も積んで、学校の製粉場に届けてくれた。(同上、97－5－86)

(43) "这是我从五芳斋特意给你买来的酱牛肉……"(『人民』89－6－100)

「これはね、五芳斎で買ってきてあげた牛肉のしょう油煮」(同上)

例(39)の"给奶奶买件大棉衣"[おばあちゃんに綿入れ買ってあげるんだ]、例(40)の"给你煮两个鸡蛋吃"[二つたまごをゆでてあげますからね]、例(41)の"给老孙头带来一根竹节手杖"[竹製の杖を買ってきてくれた]、例（42）の“给我送到学校面粉厂”［学校の製粉場に届けてくれた］は、いずれもやりもらいの意味があるので、やりもらいのむすびつきといえる。例（43）の“特意给你买来”［買ってきてあげた］は、やりもらいのむすびつきが構造助詞“的”を伴って“酱牛肉”の限定語となっている場合である。

日本語では、やりもらいのむすびつきの基本構造は「ニ格のヒト名詞＋ヲ格のモノ名詞＋やりもらい動詞」であり、とりつけのむすびつきの基本構造は「ニ格の空間詞＋ヲ格のモノ名詞＋とりつけ動詞」である。両構造は二つの名詞の格が同じなので、形式的な構造も同じである。動詞の種類がやりもらい動詞かとりつけ動詞かにより、むすぶつきが異なってくる場合がある。本構造でも同様のことが言える。中国語の構造は若干の違いがあるものの、この可能性があるので、本構造の中にも両むすびつきが存在すると言える。

2.2.1.から 2.2.4.までは“给”が動詞なので、やりもらいの意味があるが、2.2.5.は“给”が介詞なので、やりもらいの意味はない。この点から言えば、動詞か介詞かで問題となる 2.2.3.の“要拔给鞠芳一条”「動詞＋“给”＋名詞＋名詞」と、2.2.4.の“退给咱们了”「動詞＋“给”＋名詞」の“给”には、やりもらいの意味があるので、介詞ではなく動詞といえる。

2.2.6　助詞“给”の後に動詞がある場合「“给”＋動詞など」

以下の実例中の“给”には［あげる、もらう］などのやりもらいの意味がなく、動詞の前に用いられ、そこから派生した［よりによって、わざわざ］のような文法的意味としての気持ちを表しているだけなので、助詞といえる。

（44）吊在脖子上的钥匙给弄丢了，胖胖懊丧极了。（『人民』90－4－98）

首にさげていたかぎがなくなって、胖胖はすっかりしょげか

えっている。（同上）

（45）这天，常平有意让母亲给包了三鲜馅的饺子，多带了一些来。
（『人民』89－6－98）
さて今日は、常平は母親に頼んで、きのこやエビの入ったぜいたくな三鮮餃子を作ってもらい、多い目に持ってきている。
（同上、89－6－99）

例（44）の“吊在脖子上的钥匙给弄丢了”［首にさげていたかぎがなくなって］と例（45）の“有意让母亲给包了三鲜馅的饺子”［きのこやエビの入ったぜいたくな三鮮餃子を作ってもらい］の“给”には、やりもらいの意味がなく、そこから派生した文法的な意味としての気持ちを表しているだけなので、“给”はなくても文として成立する。

3. おわりに

中国語で「やりもらいのむすびつき」を表せるのは動詞の意味である。その語順は「やりもらい動詞＋やりもらいをする相手＋やりもらいの対象物」で、日本語は「ニ格のやりもらいをする相手＋ヲ格のやりもらいの対象物＋やりもらい動詞」である。

（46）他给了我一个礼物。(作例)
彼がわたしにお土産をくれた。(筆者訳)

「“给”を用いるやりもらいのむすびつき」の基本構造は、中日両言語とも例（46）のような構造だが、本構造は 2.2.1（“给”＋名詞＋名詞）、2.2.2（“给”＋名詞）、2.2.3（動詞＋“给”＋名詞＋名詞）、2.2.4.（動詞＋“给”＋名詞）、2.2.5（“给”＋名詞＋動詞＋名詞）で作れるが、中国語は具体性を好む傾向にあるので、“给”の前に方式を表す動詞を用いる 2.2.4 が多用されている。2.2.5 は文中に用いている構造は多いが、介詞“给”にやりもらいの意味がなくなり、動詞によりやりもらいを表すので、やりもらいのむすびつきは少なくなっている。2.2.6（“给”＋動詞など）でやりもらいの意味が表せないのは、助詞“给”が虚化し、やりもらいの意味がなくなり、本構造にやりもらい動詞が使われていないからである。

日本語ではやりもらいのむすびつきは、動詞［あげる］と［もらう］を用いることが原則だが、中国語は実質視点なので“给”だけで、両方の意味が表せる。日本語は話題視点なので、翻訳をする場合は、言語環境によって、［あげる］［もらう］のどちらかで表現するが、これができるのは“给”に［わたす］（例25の前）の意味があるからである。

言語資料

1.『人民中国』ショートショート　人民中国雑誌社　1988～1997
2.『人民中国』楽らく対訳　人民中国雑誌社　2014～2017
3.『人民中国』ショートショート　人民中国雑誌社　2018～

参考文献

日本語文献

荒川清秀（2015)『動詞を中心にした中国語文法論集』白帝社
鈴木康之（2000)『日本語学の常識』海山文化研究所
――――（2011)『現代日本語の連語論』日本語文法研究会
朱徳熙著 杉村博文・木村英樹訳（1995)『文法講義』白帝社
高橋弥守彦（2001)「動補連語“走出来”について」『大東文化大学外国語学研究第2号』大東文化大学大学院外国語学研究科
――――（2006)『実用詳解中国語文法』郁文堂
――――（2017)『中日対照言語学概論―その発想と表現―』日本僑報社
――――（2020)《中日翻译学的基础与构思－从共生到共创》外语教学与研究出版社
松村達夫（1978）『翻訳の論理　英語から日本語へ』玉川大学出版部
李臨定著／宮田一郎訳（1993)『中国語文法概論』光生館

中国語文献

丁崇明（2009）《现代汉语语法教程》北京大学出版社

耿二岭（2010）　《汉语语法》北京语言大学出版社
卢福波（2011）　《对外汉语教学实用语法》北京语言大学出版社
陆庆和（2006）　《实用对外汉语教学语法》北京大学出版社
单宝顺（2011）　《现代汉语处所宾语研究》中社会科学出版社
杨德峰（2004）　《汉语的结构和句子研究》教育科学出版社
人民教育出版社中学语文室（1984）《中学教学语法系统提要（试用）》人民教育出版社

古漢語中的授受動詞研究[1]

On the Giving and Receiving Verbs in Ancient Chinese

邊 玉潔　　龍 國富
BIAN Yujie　LONG Guofu

提要　古漢語中的授受動詞使用特點有五：（一）使用不平衡，授予動詞多，接受動詞少；（二）授予動詞的參與者角色包括授予者、接受者和授受物；（三）其句法基本結構為“授予者+動詞+接受者+授受物”；（四）其語義為授予者主動地使授受物由授予者轉移至接受者；（五）多數動詞只表授予義或接受義，少數動詞既表授予義也表接受義。

關鍵詞：古漢語 授受動詞 語義和句法

1.　引言

現實生活中表示所有物轉移的授受事件，反映了授予者與接受者雙方的授受行為。授受動詞指授予者主動地使授受物由授予者轉移至接受者的一種動作行為的詞。授受動詞在世界絶大多數語言中都有，它具有類型學方面的共性和差異。如漢語，現代漢語中我給別人東西或者別人給我東西都用一個“給”字。朱德熙（1979）系統地解釋了現代漢語授受動詞“給”的作用，他認為授受動詞“給”對句子中的其他成分有絶對的支配功能。描寫所有物從一方轉移到另一方的授受事件中，必須有明確表示給予或得到義的動詞出現才能完整表現，可以説句子傳達出的授受義和對賓語的選擇依賴於本身含有特定意義的動詞，整個授受事件的表達是由動詞決定和啓動的[2]。呂叔湘

1 本文系国家社科基金重大项目“近代汉语后期语法演变与现代汉语通语和方言格局形成之关系研究”（项目编号 19ZDA310）的阶段性成果。
2 朱德熙：《與動詞“給”相關的句法問題》，《方言》1979 年第 2 期。

（1987）認為，漢語授受動詞普遍發生在同一個事件進程中，因此授受動詞都是雙賓句或雙及物研究中最為常見的類型。一個句子的其他成分主要是圍繞動詞構成的，“動詞是句子的中心、核心、重心”[3)]。古代漢語不同的授受動詞用法上有較大差異，下面會專門討論。再如現代日語中，給我和給別人使用的動詞是不一樣的。授受動詞的使用受授受物交遞雙方的地位、年齡的影響，也受授受物交遞時雙方作主語和補語[4)]的句法位置的影響，還受授受物交遞方向的影響。日語授受動詞所帶的授受物是賓語，用賓格助詞を表示。這一點與現代漢語普通話用提賓標記“把”將授受物賓語提前的用法有類似之處。

古漢語授受動詞的語義指授予者主動地使授受物由授予者轉移至接受者，包括授予者、接受者和授受物三要素，其基本結構為“授與者（A）+動詞（V）+接受者（R）+授受物（O）”。楊樹達（1920）對古漢語“賚、厘、賜、錫、授、遺、匄、予”八個授受動詞進行過討論[5)]。另外，有關授受動詞作出貢獻的學者還有黎錦熙（1924）、丁聲樹（1961）、馬慶株（1983）等，他們以不同的角度對漢語授受動詞作了比較深入的討論。這些研究成果為我們研究古漢語授受動詞奠定了重要基礎。

上古漢語中授受動詞已大量產生，且具備完備的用法。本文選取“授（受）、與、予、遺、饋、貽、賜（錫）、賞、賚（釐）、給”等比較典型的授予動詞進行研究。

2.　表授受的“受/授”

表授受的“授”最早出現於甲骨文，字形作“受”，甲骨文作。《説文》：“受，相付也。從𠬪，舟省聲。”會意兼形聲字。初文從𠬪，從舟[6)]，

---

3 呂叔湘：《句型與動詞學術討論會開幕詞代序》，載中國社會科學院語言研究所現代漢語研究室編《句型和動詞》，語文出版社 1987 年版，第 1 頁。

4 本文將其看作賓語。

5 楊樹達：《高等國文法》，商務印書館 1920 年版，第 185-186 頁。

6 李孝定疑“受”字實當從“凡”，“凡”字為“盤”的古文，與“舟”字形近而訛誤。參見《甲骨文字集釋》，中央研究院歷史語言研究所研究集刊 1965 年版。

舟亦兼聲。本像雙手授受舟形。甲骨文中“受”“授”為一字，授受同辭，授予義和接受義均用字形“受”表示。表授予義的如：

（1）帝受（授）我又（佑）。(《甲骨文合集》（下簡稱《合集》）6273)

（2）上子受（授）我又（佑）。(《合集》14257)

（3）帝不我其受（授）又（佑）。(《合集》6473 正)

（4）方出，其受（授）侯又（佑）。(《合集》6719)

（5）禱于上甲，受（授）我又（佑）。(《合集》1171 正)

（6）貞：受（授）王。(《合集》7691)

例（1）語義為“上帝會授予我們商朝福佑。”表授予義的“受”是一個三價動詞，在主動式中帶雙賓語。“帝”為施事，“我”為與事，“佑”為受事。

表接受義的如：

（1）我受又（佑）。(《合集》6223)

（2）貞：我弗其受黍年。(《合集》795 正)

（3）己未卜，爭[貞：我]受年。(《合集》98 正)

（4）尹氏受王命書。(《頌鼎》)

例（1）語義為我們商朝會受到上帝福佑。此句中的“受”是一個得到義動詞，後帶單賓語，表接受義。

一個字形兼有授予義和接受義兩個對立的意思，在語言交際中極易發生混亂，因此人們在初文“受”的基礎上增加表意偏旁“扌”構造後起字“授”，專表授予義。從傳世文獻資料看，西周時期開始，“受”和“授”趨向分化。動詞“受（授）”主要用於戰爭、任命、典儀等重大社會活動。施受關係依舊具有明顯的等級性。授予者多為天子、王、禮官，授受物從命令、福佑等抽象事物擴大到了書冊、官職等具體事物。

（1）乃命羲和，欽若昊天，歷象日月星辰，敬授民時。(《尚書・堯典》)

（2）授宗人同，拜。王答拜。(《尚書・顧命》)

（3）或肆之筵，或授之几。(《詩經・大雅・行葦》)

（4）言授之縶，以縶其馬。(《詩經・周頌・有客》)

（5）七月流火，九月授衣。（《詩經・豳風・七月》）

古書注疏中的記載也能反映“受”和“授”趨向分化。如：《尚書・顧命》“乃受同瑁……太保受同，祭、嚌、宅。授宗人同，拜，王答拜。”孔穎達疏：“王一手受同，一手受瑁，王又以瑁授宗人。”《國語・魯語》：“為我予之邑。今日必授，無逆命矣。”韋昭注：“授，予也。”《國語・楚語》：“禍災薦臻，莫盡其氣。顓頊受之，乃命南正重司天以屬神，命火正黎司地以屬民，使復舊常，無相侵瀆，是謂絶地天通。”韋昭注：“受，承也。”可見“授”產生之後兩詞開始分化，各司其職。

從授受語義關係看，殷商至西周時期授予義的動詞“受（授）”中的授予者主要是天、帝、神靈、先祖等，在句中作主語。授受物常是抽象事物福佑、年成等，在句中作賓語。接受者主要是王、貴族、方國等。根據表達的語義來看，動詞“受（授）”表示上對下的賜予，也即給予者和接受者之間普遍存在身份地位上的差異，施受關係具有明顯的等級性。從句式結構來看，“受（授）”是一個典型的三價動詞，大部分帶雙賓語，基本的句法格式為“施事+動詞+與事+受事”。句子中的授予者有時會省略，或不與動詞直接相鄰。接受者和授受物也存在省略的情況，但二者必須保留一個，否則無法表示授受物的轉移這一事件，構不成授受關係。

春秋時期傳世文獻中“受”的字形分化已趨成熟，“授”專司授予義，表示上對下的授予，授受雙方依然身份有別。授予義動詞“授”表現出的句法格式有四種：“授受者+動詞+接受者+授受物”；“授受者+動詞+授受物”；“動詞+接受者+授受物”；“動詞+接受者”。給予義動詞“授”的使用頻繁增加，題材範圍更加擴大，記載內容更加豐富。語義上，施受雙方的身份等級色彩相較於西周有一定的弱化。授予者從天、神、天子轉變為諸侯王，接受者可以是生活中各個方面的事和物。如“授僕人書”“授手於我”等。許多情況下不強調施受雙方地位差異，更多陳述客觀的授受事件。句法上，這一時期繼產生兩種新的句法格式，即用介詞“於”引介接受者和“以”引介授受物。用介詞“於”，可以將接受者從緊臨動詞的位置移到授受物之後，且接受者的補語功能有了明確的形態標記。對比下文例（4）與例（9）

可見一斑。用介詞“以”，可以將授受物從賓語位置降格為補語。對比例（5）與例（6、7）可見一斑。同時可以將“以”字介賓結構前移，對授受物進行強調。如例（8）。這一句法位移，對以後漢語“把”字句的産生影響深遠。介詞“於”和“以”的使用引發“授”字更大的句法表現空間。如：

（1）鄭子皮授子産政。（《左傳・襄公三十年》）

（2）宗祝執祀，司里授館。（《國語・周語中》）[7]

（3）晉人殺懷公於高梁，而授重耳，實為文公。（《國語・晉語三》）

（4）言終，魏絳至，授僕人書，將伏劍。（《左傳・襄公三年》）

（5）故古者堯舉舜於服澤之陽，授之政，天下平。（《墨子・尚賢》）

（6）晉侯嘉焉，授之以策。（《左傳・昭公三年》）

（7）誦詩三百，授之以政，不達。（《論語・子路》）

（8）施伯對曰：“殺而以其屍授之。”（《國語・齊語》）

（9）陳知其罪，授手於我。（《左傳・襄公二十五年》）

戰國時期“授”的用法在語義上有了進一步的發展，逐步變成了普通的給予動詞，不再強調施受雙方的地位差異，甚至可以是下對上的給予。如下文例（1）中的“授主人爵”和例（4）中“（小臣師）授矢於公”。句法上介詞“以”引介授受物的用例更加普遍。有些情況下“授”字句事件中傳授給予物可以是抽象的事物，這樣其傳授的方向性趨於弱化。如：

（1）介揖讓升，授主人爵于兩楹之間。（《儀禮・鄉飲酒禮》）

（2）故筆之於書，以授孟子。（《中庸》）

（3）授官、予爵、出祿不以功，是無當也。（《商君書・靳令》）

（4）小臣師以巾内拂矢，而授矢於公，稍屬。（《儀禮・大射》）

（5）毋予人以壤，毋授人以財。（《管子・山至數》）

（6）周公旦假為天子七年，成王壯，授之以政。（《韓非子・難二》）

（7）帶以弓韣，授以弓矢。（《呂氏春秋・仲春紀》）

7　關於《國語》成書年代學術界有不同觀點。司馬遷認為是春秋時期，作者為左丘明。也有學者認為是戰國時期成書。本文採信司馬遷説。

（8）功力未見於國者，則不可授與重祿。（《管子・立政》）

漢代，“授”的使用頻率更高，成為給予動詞最主要的用法。如：

（1）漢王授我上將軍印，予我數萬眾。（《史記・淮陰侯列傳）》

（2）乃遣謁者，即授印綬。（《東觀漢記・世祖光武皇帝紀》）

（3）黃石為老父，授張良書，去復為石也，儒知之。（《論衡・講瑞篇》）

（4）内舉傅説，授以國政。外伐鬼方，以安諸夏（《漢書・五行志》）

3.　表授予的“與”

“與”，最早見於西周時期，金文作（侯馬盟書）。構形從舁，從牙，牙亦聲。像兩人用雙手鉤牙之形，本義為賜予、給予[8]。《説文》：“与，賜予也，一勺為與，此與與同。”“与”的構形“一勺”疑誤，是從與字簡省而來的。《玉篇・勺部》：“与，賜也，許也，予也。亦作與。”《説文解字注》：“今俗以與代与，與行而与廢矣。”

“與”字在傳世文獻中最早見於周朝。作賜予和給予義動詞，句法上亦有了具有完備的雙賓結構。如：

（1）天惟與我民彝大泯亂。（《尚書・康誥》）

（2）乃眷西顧，此維與宅。（《詩經・大雅・皇矣》）

例（1）的語義指上帝賜予百姓的常法就是大混亂，此處授予者為“天”，接受者為“我”（百姓），授受物指抽象概念“彝”（常法）。授予者與接受者之間有一個看不見的方向，是從左邊的上帝移向右邊的百姓。例（2）的語義指天帝懷著寵愛把目光轉向西邊周王，就把岐山賜予周王。此處授予者為前文所指“皇矣上帝”，接受者省略，根據上下文意當為“周王”，授受物為“岐山”。授予者與接受者之間有一個明確的從左邊的上帝移向右邊的方向性，但句法上由於接受者省略，故從左邊移向右邊的方向性消失。該時期動詞“與”構成的授受事件中，授予者和接受者存在身份地位上的差異，前者身份地位為上，後者為下。

---

8 參見李學勤主編：《字源》，天津古籍出版社 2012 年版，第 206、1238 頁。

春秋時期，文獻中給予義動詞“與”不僅使用頻率增加，且使用範圍也大大擴展。主要表現在：社會生活層面的授受事件增多，而非局限於政治制度角度；既可以表達授受雙方存在地位差異的上對下的賜予義，也可以表達不區分身份地位的廣義給予義；授受物可以是官職、封地等抽象事物，也可以是肉、粟、琴等生活中常見的雙手可傳遞的具體實物。如：

（1）子曰：“與之釜。”請益。曰：“與之庾。”冉子與之粟五秉。（《論語・雍也》）

（2）子曰：“孰謂微生高直？或乞醯焉，乞諸其鄰而與之。”（《論語・公冶長》）

（3）將欲奪之，必固與之。（《老子・三十六章》）

（4）驪姬與犬肉，犬斃；飲小臣酒，亦斃。（《國語・晉語二》）

（5）乃行，過五鹿，乞食於野人。野人舉塊以與之。（《國語・晉語四》）

（6）公祭之地，地墳。與犬，犬斃。與小臣，小臣亦斃。（《左傳・僖公四年》）

（7）使與之琴，操南音。（《左傳・成公九年》）

（8）欲與大叔。臣請事之。若弗與，則請除之。（《左傳・隱公元年》）

戰國時期給予義動詞“與”的用法與春秋時期基本一致，後可帶雙賓語，也可省略與事或受事。動詞“與”亦可以構成“所”字結構，成為指稱性的名詞短語，如下文例（4）和例（5）：

（1）與之書社三百，而富人莫之敢拒也。（《荀子・仲尼》）

（2）管仲曰：“公誰欲與？”公曰:“鮑叔牙。”（《莊子・徐無鬼》）

（3）言賞則不與，言罰則不行。（《韓非子・初見秦》）

（4）是故先王有所取，有所與。（《管子・霸言》）

（5）曾子養曾晳，必有酒肉。將徹，必請所與。（《孟子・離婁章句上》）

（6）子與我衣，我活也；我與子衣，子活也。（《呂氏春秋・長利》）

（7）賞不當，雖與之必辭；罰誠當，雖赦之不外。（《呂氏春秋・高義》）

兩漢時期由於給予義語義場中同義詞成員數量多，“與”的職能被分化和削弱。“與”字在文獻中的給予義用例減少。《論衡》中出現了雙音形式

“授與”。如：

（1）廉頗之仇郭開多與使者金，令毀之。（《史記・廉頗藺相如列傳》）

（2）來年秦復求割地，王將與之乎？（《史記・平原君虞卿列傳》）

（3）吾數詔吏先與田宅，及所當求於吏者，亟與。（《漢書・高帝紀》）

（4）所裝縑帛資糧，悉以與之。（《東觀漢記・趙憙傳》）

（5）朋友彼我，無有授與之義。（《論衡・初稟篇》）

以上研究表明，給予動詞“與”授受的方向是，給予物的傳遞是從自己的身邊移到別人的身邊，從給予者角度來看，是給予物向外移動；而從接受者角度看，是給予物從別人那裏移到接受者身邊，是給予物向內移動。在進行給予物交遞時，雙方的地位、年齡沒有存在太大的差異。不同地位的人在語言的表達上有所不相同。

4. 表授予的“予”

“予”，戰國時期作（襄安君扁壺）。字形像人以手推物交付之形，本義為“給予”之義。《説文》：“予，推予也。象相予之形。”段玉裁注：“予、與古今字……象以手推物付之。”《爾雅・釋詁上》：“予者，授與也。”邢昺疏：“予，賜也。”

傳世文獻中“予”最早見於西周至春秋時期，表達賜予義，其後可帶雙賓語。授受雙方地位上存在差異，授予者多是諸侯王，接受者多為臣子。接受者常用第三人稱“之”或指人的稱謂詞來指代，授受物既有具體事物又有抽象事物。如：

（1）君子來朝，何錫予之。（《詩經・小雅・采菽》）

此例義為諸侯君子來朝見，王用什麼將他贈？此處授受物“何”指所贈之物。一般來説，授受物賓語處於動詞後邊，而此處授受物賓語“何”為什麼位於動詞前邊？是因為上古漢語疑問句中疑問代詞作賓語時，賓語會前置，其句法結構是“授予者主語+授受物賓語+動詞+接受者”。此外接受者也多由第三人稱代詞“之”充當。如：

（1）彼姝者子，何以予之？（《詩經・鄘風・干旄》）

（2）王予之爵，鄭伯由是始惡於王。（《左傳・莊公二十一年》）

（3）呉句餘予之朱方，聚其族焉而居之。（《左傳・襄公二十八年》）

（4）郤犨欲予之邑，弗受也。（《國語・魯語上》）

戰國時期動詞“予”的意義和句法表現多承傳春秋時期，雙賓語的格式較為常見。此時産生介詞“以”引介授受物賓語並位移至動詞前面，以表達強調。句法表現為“授予者主語+以+授受物賓語+動詞+接受者與事”，如下文例（5）和例（6）。這個“以”為授受物前置的形態標記。如：

（1）雖在農與工肆之人，有能則舉之，高予之爵，重予之祿。（《墨子・尚賢》）

（2）殺不辜者，天予不祥。（《（墨子・天志》）

（3）某時有客過而予汝金，因譴之。（《韓非子・外儲説左上》）

（4）於是唐睢載音樂，予之五十金。（《戰國策・秦三》）

（5）臣聞之，以德予人者謂之仁，以財予人者謂之良。（《管子・戒》）

（6）吾豈可以先王之廟予楚乎？（《呂氏春秋・知士》）

漢代，“予”作動詞的使用頻率高於人稱代詞，句法表現主要是“動詞+與事+受事”的單賓句、“動詞+與事”或“動詞+受事”的雙賓句、用介詞“以”引出受事的“以+受事+動詞+與事”的單賓句。和前期不同的主要表現在語義上，動詞“予”所表示的賞賜意義減弱，不再凸顯施受雙方的地位差異，而是強調授予過程中的接受者和授予物。

（1）秦亦不以城予趙，趙亦終不予秦璧。（《史記・廉頗藺相如列傳》）

（2）至，因見，予之將軍之節。（《淮南子・道應訓》）

（3）地者，國之本也，奈何予人！（《漢書・匈奴傳》）

（4）而以其三千三百萬予十一滕家。（《漢書・王莽傳》）

以上研究表明，授予動詞“予”的特徵有：“予”授予的方向是從“予”的左邊授予者主語的位置向右邊接受者賓語的位置移動。從授予者的角度來看是授受物向外移動；而接受者的角度看則是授受物從別人那裏移到自己的身邊，是授受物向内移動。在進行授受物交遞時，都是授予者為主語，接受者為賓語。在進行物資交遞時雙方的階級有一定的差異，授予者主語既有處於高地位、高年齡的，也有同等地位、不分年齡的。不同地位的人所使用的語言和表達的方式有一定的差異。授受動詞“予”是他動詞，給予的授受物是賓語，多數情況是直接處於動詞之後與動詞組合為動賓關係，但也有些情況下使用標記“以”介引賓語將賓語前移至動詞前，表示強調。如“以德予人”“以先王之廟予楚”“以城予趙”“以其三千三百萬予十一媵家”等。

5. 表授予的“遺”

“遺”，出現於西周金文，作（王孫遺者鐘），從辵、聲。為“遺”的初文，上像盛物之器，下像所盛之物向下遺漏之形，為遺漏義本字。南宋戴侗《六書故・人九》：“遺，行有所亡失也。”“遺”本義為丟失。《說文》：“遺，亡也。”《廣韻・脂韻》：“遺，失也。”

“遺”，又《六書故・人九》：“遺，有所留與，因謂之遺。”則“遺”有贈送和給予義。《廣雅・釋詁四》：“遺，送也。”《廣雅・釋詁三》遺，與也。”“遺”表遺失與贈送、給予，二者義不同，音亦有別。前者《廣韻・脂韻》：“遺，以追切。”讀yí。後者《廣韻・至韻》：“遺，贈也，以醉切。”讀wèi。

下面討論“遺”表贈送或給予的用法。

（1）甯王遺我大寶龜。（《尚書・大誥》）

（2）隹（唯）正二月初吉，王歸自成周，雁（應）侯見工遺王于周。（《應侯鐘》）

（3）成王未知周公之志。公乃為詩以遺王。（《詩經・豳風・鴟鴞序》）

文獻中表示授予義的“遺”最早見於西周時期，其後可帶與事賓語或雙賓語。和“授”“賞”等動詞相比，“遺”作給與義時授予者和接受者之間沒有地位上的差異，可以是上對下，例（1）的“甯王遺我”。也可以下對上，如例（3）的“遺王”。

春秋時期授予動詞“遺”僅見于《左傳》中，句式上主要有“動詞+與事+受事”、“動詞+與事”和“動詞+受事”三種表現形式。語義上也不區分施受雙方的地位關係，僅強調授予行為的過程。如：

（1）食之，捨其半，問之。曰：“宦三年矣。未知母之存否。今近焉。請以遺之。”（《左傳・宣公二年》）

（2）巫臣自晉遺二子書。（《左傳・成公七年》）

（3）諸侯不相遺俘。（《左傳・莊公三十一年》）

（4）公問之，對曰：“小人有母，皆嘗小人之食矣，未嘗君之羹。請以遺之。”公曰：“爾有母遺，繄我獨無！”（《左傳・隱公元年》）

戰國時期文獻中新出現了用介詞“以”來引介受事的句式，見下文例（1）和例（2）。其他表現和春秋時期基本一致，但使用頻率明顯增加，在諸子之書中均有使用。如：

（1）遺以竽瑟美人，以塞其内。《管子・禁藏》

（2）導水潦，利陂溝，決潘渚，潰泥滯，通鬱閉，慎津梁，此謂遺之以利。（《管子・五輔》）

（3）湯使人問之曰：“何為不祀？”曰：“無以供犧牲也。”湯使遺之牛羊。（《孟子・滕文公下》）

（4）毋幾何而遺十金於子墨子。（《墨子・耕柱》）

（5）乃令黎且以女樂二八遺哀公。（《韓非子・内儲説下》）

（6）臣有老母，將以遺之。（《呂氏春秋・報更》）

（7）魏王遺楚王美人，楚王説之。（《戰國策・楚四》）

（8）采芳洲兮杜若，將以遺兮下女。（《楚辭・九歌・湘君》）

兩漢時期授予動詞“遺”同戰國相同，此處不再詳述，見下例：

（1）賜人絲縷，猶為重厚，況遺人以成帛與織布乎？（《論衡・異虛篇》）

（2）田子方聞之，使人遺狐白之裘。（《説苑・立節》）

（3）李斯使人遺非藥，使自殺。韓非欲自陳，不得見。（《史記・老子韓非列傳》）

（4）秦昭王聞之，使人遺趙王書，願以十五城請易璧。（《史記・廉頗藺相如列傳》）

（5）今以光烈皇后假髻、帛巾各一、衣一篋遺王。（《東觀漢記・東平憲王蒼傳》）

6. 表授予的“饋”

“饋”，最早作“歸/餽”等。“歸”通“饋”。指贈送、給予。《廣雅・釋詁三》：“歸，遺也。”清朱駿聲《説文通訓定聲・履部》：“歸，假借為饋。”武振玉（2010）認為“歸”在甲骨文和金文中主要為“歸返”義，在西周早期金文中假借為“饋”[9)]。《貉子卣》：“王令士道歸（饋）貉子鹿三。”中“歸”作“饋”。《中方鼎》：“中乎（呼）歸（饋）生鳳于王。”用介詞“于”來引出接受者。傳世文獻中春秋時期“歸”作贈送、給予的用法多見。如：

（1）唐叔得禾……王命唐叔歸周公于東。”（《尚書・微子之命》）

（2）陽貨欲見孔子，孔子不見，歸孔子豚。（《論語・陽貨》）

（3）齊侯使公子無虧帥車三百乘、甲士三千人以戍曹。歸公乘馬，祭服五稱，牛羊豕雞狗皆三百，與門材。（《左傳・閔公二年》）

例（3），杜預注:“歸，遺也。”

“饋”，作授予動詞。《説文解字》：“饋，餉也。從食貴聲。”《廣雅・釋詁三》：“饋，遺也。”本義指贈送飯食給人，也指給予其他食物。“饋”字中含有授予者、接受者、授受物以及動作位移等語義要素。如：

（1）於是諸侯之大夫戍齊，齊人饋之餼，使魯為其班。（《左傳・桓公六年》）

（2）夫人使饋之錦與馬，先之以玉。（《左傳・襄公二十六年》）

（3）康子饋藥，拜而受之。（《論語・鄉黨》）

9 武振玉.殷周金文中的賜予義動詞[J].陝西師範大學學報・哲學社會科學版，2010(3)。

（4）前日於齊，王饋兼金一百而不受。（《孟子・公孫丑下》）

由贈送飯食發展出運送糧食和進獻食物二義。如：

（1）帶甲十萬，千里饋糧。（《孫子兵法・作戰篇》）

（2）凡王之饋，食用六穀，膳用六牲。（《周禮・天官冢宰》）

（3）晉侯郊勞，館諸宗廟，饋九牢，設庭燎。（《國語・周語上》）

例（3），鄭玄注："進物於尊者曰饋。"孫詒讓正義："此謂膳夫親進饋于王也。"

以上表贈送、運送和進獻的語義都處於授受義語義場内，有授受物、授予者和接受者三要素。但是三者在語義等級、語義表達方向等方面存在一些差異。

戰國時期授予動詞"饋"在文獻中多帶接受者和授受物。授予者多為擁有豐厚授受物的一方，向接受者發出贈與行為。授受方向比較明確，授受物從左邊授予者向右邊接受者位移。授受雙方存在地位上的差異，如下文例（1），授予者為級別更高的"王"。但是，通過調查發現，文獻中沒有"動詞+接受者"這種省略授受物的句式存在，説明在動詞"饋"詞義框架的限定下，凸顯的是授予物，而非施受雙方的地位之別。例如：

（1）湯使亳眾往為之耕，老弱饋食。（《孟子・滕文公下》）

（2）請以令糶之梁、趙、宋、衛、濮陽，彼盡饋食之也。（《管子・輕重甲》）

兩漢時期授予動詞"饋"廣泛使用，或帶接受者和授受物，或專帶授受物。如：

（1）乃與晉君盟，許歸之，更舍上舍，而饋之七牢。（《史記・秦本紀》）

（2）陽貨欲見孔子，孔子不見，饋孔子豚。（《論衡・知實篇》）

（3）京師貴戚慕其聲名，更饋衣物。（《東觀漢記・黄香傳》）

例（2）引自《論語》，《論語》作"歸"，王充改為"饋"。《説文解字注》："饋，餉也。饋之言歸也。故饋多假歸為之。"

該時期"饋"的使用出現兩個方面的變化：

一是新出現"動詞+接受者"格式。如：

（1）趙王至，置邸不見，令衛圍守之，不得食。其群臣或竊饋之，輒捕論之。(《漢書・高五王傳》)

此例中“之”是指代前文“趙幽王”，而授予物省略。因為前文提到“不得食”，所以這裏省略了授予物“食物”。

二是新出現用介詞“以”引介授予物，如：

（1）遂改館晉君，饋以七牢而遣之。(《列女傳・賢明傳》)

此例中的“饋”不直接帶授受物“七牢”，而是以介詞“以”引介，對授受物加以強調。我們對比上面所引《史記》中“饋之七牢”的用法，可以發現授受物標記“以”的功能就是強化授受物的分量。

“餽”，通“饋”。清朱駿聲《說文通訓定聲・履部》：“餽，假借為饋。”有贈送和送食物給人吃二義。《篇海類編・食貨類・食部》：“餽，貽也。”《玉篇零卷・食部》：“餽，《蒼頡篇》：‘饟也。’《聲類》：‘亦饋字也。’”典籍中用例如：

（1）前日於齊，王餽兼金一百而不受。(《孟子・公孫丑下》)

（2）各徹其餽，如於賓客。(《管子・弟子職》)

（3）養三老於大學，親執醬而餽，執爵而酳。(《漢書・賈鄒枚路傳》)

例（1）中的“餽”指贈送，例（2）中的“餽”指給人食物吃。顏師古注：“餽字與饋同。進食曰饋。”

“饋”，在表示贈送和給予義時存在動作的方向，贈送物交遞隨贈送者、給予者身邊移到受贈者和接受者身邊。這一方式是贈送物往外移動，屬於外向型。在進行物資的交遞時，有時“饋/餽”與“受”互文，前面小句給予者“饋”之後，下一小句就有接受者“受”。有雙方的人在現場互動。“饋”的主語多為給予者、贈送者，賓語多為傳授物，接受者多作賓語。在進行授受物交遞時，有些情況下“饋”字所在雙方存在地位差異。“饋”是他動詞，給予物多作賓語，但有時也用介詞標記“以”引介賓語表示強調，而此時給予物由動詞賓格降格為介詞賓語。

7.　表授予的“貽”

“貽”，最早作“詒/台”等，指留傳、留給，引申作贈送、送給。《説文・言部》：“詒，遺也。”段玉裁注：“《釋言》《毛傳》皆曰：‘詒，遺也。’俗多假貽為之。”卷子本《玉篇・言部》引《字書》曰詒，“或為貽字，在《貝部》也。”

“詒”表留傳、留給的用法。如：

（1）詒厥孫謀，以燕翼子。（《詩經・大雅・文王有聲》）

（2）雄雉于飛，泄泄其羽。我之懷矣，自詒伊阻。”（《詩經・邶風・雄雉》）

例（1），鄭玄箋：“詒，猶傳也。”指武王留傳好的治國策略。例（2），毛傳：“詒，遺。”指把憂傷留給自己。

“詒”表送給、贈給的用法。如：

（1）鄭人鑄刑書。叔向使詒子産書，曰：“始吾有虞於子，今則已矣。”（《左傳・昭公六年》）

（2）宋饑，竭其粟而貸之。年自七十以上，無不歸詒也。（《左傳・文公十六年》）

例（1），杜預注：“詒，遺也。”指叔向使我送給子産一封書信。例（2），歸，通“饋”。詒，贈送。例（1）是兼語句，授予者是“叔向”派遣使者送給子産一封信，使者因無需説出沒有出現。授予物“書信”必需出現，且在賓語位置。接受者“子産”在動詞後面作賓語。例（2）是受事主語句，接受者“七十以上百姓”作主語，動詞“歸詒”是同義連用作被動的謂語動詞，表示被贈送。授予者“宋公子鮑”不出現，授受物“粟”也不出現。這是比較特殊的授受句用法。句子沒有方向位移。

“貽”，不見《説文》，見宋徐鉉《説文新附》，曰：“貽，贈遺也。從貝，台聲。經典通用詒。”鄭珍新附考：“經傳中多詒、貽互見，作貽皆漢後所改。古亦省作台。”動詞“貽”本義為贈送，和“遺”屬同義詞。表給予義的“貽”在文獻中使用較少，《尚書》中僅 1 例，見下文例（1），其後跟接受者。三個語義要素齊備：授予者是“周公”，授受物是“詩”，接受者是“成王”。《詩經》中“貽”“詒”通用，作“貽”的共 5 例，均為饋贈義。例（3）中的“貽”表指稱，例（4）（5）（6）均帶雙賓語。例（7）中的“詒”表授予義。如：

（1）于後，公乃為詩以貽王，名之曰《鴟鴞》。（《尚書・金縢》）

（2）貽我來牟，帝命率育。無此疆爾界，陳常于時夏。（《詩經・周頌・思文》）

（3）匪女之為美，美人之貽。（《詩經・邶風・靜女》）

（4）靜女其孌，貽我彤管。（《詩經・邶風・靜女》）

（5）彼留之子，貽我佩玖。（《詩經・王風・丘中有麻》）

（6）視爾如荍，貽我握椒。（《詩經・陳風・東門之枌》）

（7）神之弔矣，詒爾多福。（《詩經・小雅・天保》）

戰國文獻中授予動詞“貽”僅見於《莊子》中 1 例，兩漢時期僅 3 例。如下：

（1）魏王貽我大瓠之種，我樹之成而實五石。（《莊子・逍遙遊》）

（2）毋貽盲者鏡，毋予躄者履，毋賞越人章甫，非其用也。（《淮南子・説林訓》）

（3）示之以儉，弗示以奢；貽之以言，弗貽以財。（《潛伏論・務本》）

（4）東土以集，周公歸報成王，乃為詩貽王，命之曰《鴟鴞》。（《史記・魯周公世家》）

“台”，《説文》：“台，説也。從口，㠯聲。”《朱駿聲通訓定聲》：“台，假借又為詒，實為遺。”《廣韻》：“台，與之切。”阮元《積古齋鐘鼎彝器款識》：“古銘‘以’多作‘台’。”《爾雅・釋詁上》：“台，予也。”邢昺疏：“台者，遺與也，讀與貽同。”

（1）肆台小子，將天命明威，不敢赦。（《尚書・湯告》）

（2）為是為是之台彼也，弗為也。（《墨子・經説上》）

例（1）中的“肆台小子”指上帝賜予我奉行天命。周秉均《白話尚書》中將其譯為“所以我小子”，將“台”譯為“我”值得商榷。《墨子・兼愛下》引《湯告》“肆台小子”作“惟予小子履”。（見《經籍纂詁・支韻補遺》）例（2），孫詒讓《墨子間詁》引畢云：“台，讀為詒。”

總體來看，“詒/貽”所表示的給予義是一種贈送關係，不區分交際雙方的身份地位，授予物也多是具體實物。其句法表現也非常單一，授予者只作主語，賓語多為傳授物和接受者。和其他同義詞相比，缺乏豐富的句式變化。“詒/貽”句中的授予者表示説話人作主語的可以是第一人稱“我”和第三人稱的稱謂名詞，主語後面的動詞“詒/貽”表示把授受物給作賓語的接受者，對方為第二人稱或者表示別人“他”的稱謂名詞第三人稱。“詒/貽”主要表示雙方地位平等的情況下使用，也有個別地方授予者的地位高於接受者或接受者地位高於授予者。

8.　表授予的“賜”

賜”，最早作“易/錫”等。徐鍇《説文系傳》：“賜之言易也，有故而與之也。”黃德寬《古文字譜系疏證》：“易，甲骨文或讀賜，賞賜也。西周金文多讀為賜，賞賜。典籍或假錫為之。”[10] 甲骨文借“易”為“賜”的用例如：

（1）己酉卜，亘鼎（貞）：易（賜）禾。（《合集》9464 正）

（2）乙卯卜，亘鼎（貞）：勿易（賜）牛。（《合集》9465）

（3）鼎（貞）：易（賜）多女㞢貝朋。（《合集》11438）

甲骨文中“易”表示上對下的賜予，雙方地位等級關係突出。授予者多是王，接受者為方國或臣屬，二者常省略。授予物多在動詞後以單賓語的形式出現，不可省略，主要有禾、牛、貝等具體物品。

商周文獻中表賜予義的動詞字形關係複雜，一詞多字的假借現象突出。表示賜予義的“賜”有“易、睗、嗌”等。如：

（1）休朕公君匽侯易（賜）圉貝。（《圉方鼎》）

（2）公易（賜）旅貝十朋。（《旅鼎》）

10　黃德寬主編：《古文字譜系疏證》，商務印書館 2007 年版，第 2050 頁。

（3）迺天子多易（賜）旅休。旅對天子魯休揚。(《虢叔旅鐘》)

（4）王賜（賜）乘馬，是用差王。賜（賜）用弓，彤矢其央。賜（賜）用戉。用政緣方。(《虢季子白盤》)

（5）敖叔微稟于西宮，嗌（賜）貝十朋，用乍寶簋。(《敖叔簋蓋》)

（6）王咸誥，何易（賜）貝卅朋。(《何尊》)

（7）乍冊麥易（賜）金于辟侯。(《麥方尊》)

（8）鬲易（賜）貝于王，用乍父甲寶尊彝。(《鬲作父甲尊》)

金文中“易”仍假借為“賜”，使用頻率較高。這一時期的授予動詞在語義、字形、句法上有以下突出特點：其一，“易（賜）”的核心義素為“上對下的賞賜”，授予者多為王、天子，接受者為諸侯、大臣，施受雙方存在明確的地位差異。授予物同甲骨文中多為具體物品不同，在金文中“易（賜）”的授予物指稱範圍更廣，既可以是貝、牛、金等具體物品，也可以為“休”等抽象事物，如上文例（3)；其二，金文中字詞關係複雜，除了主要由“易”假借“賜”外，也偶見“賜”“嗌”等字形，如例（4)、例（5)，它們是同源分化或音近假借產生的；其三，“易（賜）”表現出了複雜的授受關係。上文例（1）至例（5）為主動句，施事主語在動詞前，受事在動詞後。而例（6）至例（8）為被動句，主語均為受事，敖叔、何、麥和鬲分別是被賜予的對象，本應在動詞後的接受者提到了動詞前，構成了被動關係。其四，除常規的“施事+動詞+與事+受事”和“動詞+受事”兩種句式，由於被動用法的存在，亦有例（7）和例（8）這樣用介詞“于”來引介施事的特殊句式。

“賜”，《說文》：“賜，予也。”段玉裁《說文解字注》：“賜，予也。《釋詁》：賚、貢、錫、畀、予、貺，賜也，七字轉注。凡經傳云錫者，賜之假借也。”上古傳世文獻中給予動詞“賜”是一個常用詞，字形多處用“錫”，其核心義是賞賜。如：

（1）乃命魯公，俾侯于東。錫之山川，土田附庸。(《詩經・魯頌・閟宮》)

（2）赫如渥赭，公言錫爵。(《詩經・邶風・簡兮》)

（3）天王使毛伯來錫公命。（《左傳・文公元年》）

（4）天乃錫王勇智，表正萬邦。（《(尚書・商書・仲虺之誥》）

如上所示，《詩經》和《尚書》中均是以“錫”作“賜”，《左傳》以“賜”為主，偶用“錫”來假借。

春秋戰國時期授予動詞“賜”使用廣泛。如：

（1）君賜食，必正席先嘗之；君賜腥，必熟而薦之；君賜生，必畜之。（《論語・鄉黨》）

（2）昔天以越賜呉，而王弗受。（《國語・呉語》）

（3）天子賜侯氏以車服，迎於外門外，再拜。（《儀禮・覲禮》）

（4）皇天嘉之，祚以天下，賜姓曰“姒”，氏曰“有夏”。（《國語・周語下》）

（5）王於是乎賜之，彤弓一、彤矢百、旅弓矢千，以覺報宴。（左傳・文公四年）

（6）於是天子賜之南陽之地，遂霸諸侯。（《呂氏春秋・不廣》）

（7）於是索呉起之後，賜之田二十萬。（《戰國策・魏一》）

該時期授予動詞“賜”語義上依然表示上對下的賜予，動詞後可帶雙賓語或受事但賓語，也可以用介詞“以”來引出授予物，位置較為自由。如例（2）中“以越”位於動詞前，而例（3）中“以車服”位於動詞後補充説明，若介詞省略，意義也不發生改變。

漢代授予動詞“賜”依然使用廣泛。如：

（1）項王曰：“壯士，賜之卮酒。”則與斗卮酒。（《(史記・項羽本紀)》）

（2）漢乃使人賜彭越將軍印，使下濟陰以撃楚。（《史記・魏豹彭越列傳》）

（3）哀不忍絶其社稷，錫不毛之地。（《史記・鄭世家》）

（4）於是弘羊賜爵左庶長，黄金再百斤焉。（《漢書・食貨志下》）

（5）漢王賜噲爵為列侯，號臨武侯。（《史記・樊酈滕灌列傳》）

（6）而以大婢羊子等賜予業等各且十人，以尉其意。（《漢書・外戚傳》）

（7）得首虜八九萬級，賞賜五十萬金。（《史記·平準書》）

（8）其以乘壺酒、束脩、一犬賜人。（《禮記·少儀》）

例（8）鄭玄注：“於卑者曰賜。”給予動詞“賜”包含強制性義素[+上對下]，凸顯施受雙方身份地位的差異。

該時期授予動詞“賜”既有先秦用法的保留，又有了較大的新發展，主要體現在：引用先秦典籍時保留通假字形“錫”，如例（3）；偶用於被動句，如例（4）；句法形式更為複雜，出現了兼語結構，如例（5）；出現“賞賜”“賜賞”連用，用於指稱賞賜事件。産生了“賜予”“賞賜”等複合動詞，如例（6）（7）。

9. 表授予的“賞”

“賞”，最早的字形寫作“商”，古二字同音，均為書紐陽部字。本義為賞賜有功德者。《說文》：“賞，賜有功也。從貝，尚聲。”授予動詞“賞”和前文所述“賜”詞義相近，都表示上對下的給予，施受雙方有地位之別。“商（賞）”最早出現於西周時期11)。如：

（1）王商（賞）乍冊豊貝。大子易（賜）東大貝。（《作冊豊鼎》）

（2）王商（賞）戍嗣子貝廿朋。（《戍嗣子鼎》）

（3）乙亥，尹各于宮，商（賞）執。（《執卣》）

（4）庚申，太保賞堇貝，用乍大子癸寶。（《堇鼎》）

（5）公賞乍冊大白馬。（《乍冊大方鼎》）

該時期授予動詞“賞”，多借“商”為“賞”，均表示上位者對有功績的下位者的賞賜。授予物主要是“貝”等具體物品。例（1）“商（賞）”和“易（賜）”對舉使用，但兩詞在語義上有所側重。句法形式上多為雙賓語，也有例（3）這樣只跟接受者的情況，沒有受事單賓語的句式。和授予動詞“賜”相比，二者雖然都使用頻率很高，但“賞”的語義、句法格式和

11 授予動詞“賞”字形殷商晚期才開始出現。武振玉.先秦時期的“賞”“賜”之別[J].西華大學學報(哲學社會科學版),2009,(3):48-51。

授受關係都較為簡單，其主要表示“賞有功德者”這一行為，因此授予物的種類較單一且可以省略，重在強調接受者的特質，接受者是動詞語義框架下必須存在的論元。

春秋戰國時期的“賞”使用頻率較高。如：

（1）故賞女以爵，罰女以無肴。（《國語・晉語一》）

（2）公賞東郭書。辭曰：“彼賓旅也。”乃賞犁彌。（《左傳・定公九年》）

（3）宥其罪戾，赦其過失，救其災患，賞其德刑。教其不及。（《左傳・襄公二十八年》）

（4）家君得善人而賞之，得暴人而罰之。（《墨子・尚同下》）

（5）罰其忠，賞其賊，夫是之謂至闇，桀紂所以滅也。（《荀子・臣道》）

（6）樂羊既罷中山，文侯賞其功而疑其心。（《戰國策・魏一》）

（7）賞不善而罰善，欲民之治也，不亦難乎？（《呂氏春秋・振亂》）

該時期“賞”作動詞時較前代最大的不同是基本不再使用雙賓語的格式，授予物和接受者同現時，使用介詞“以”來引介受事，如例（1）。動詞絶大多數後面只跟與事賓語，如例（2）中東郭書和犁彌。這也説明授予動詞“賞”的語義框架進一步固化，授受事件中側重強調接受者。正是由於接受者含有“有功德”這一特徵，才會促使上位者發出授予行為，形成授予事件。在傳世文獻的用例中，授予動詞“賞”所在的句子形式特點也較為突出，常與近義詞或反義詞並舉使用。如例（3）中的“宥”和“賞”，例（4）中的“賞”和“罰”，例（6）中的“賞”和“疑”。在這些用例中，“賞”的動作性減弱，對象用抽象概念來指代，詞義發生了引申，詞典中亦單列了“褒揚、讚賞”的義項，不再是典型的授予動詞。

漢代文獻中授予動詞“賞”有新的用法。如：

（1）於是乃朝諸縣令長七十二人，賞一人，誅一人，奮兵而出。（《史記・滑稽列傳》）

（2）能為善鉤者，賞之百金。（《呉越春秋・闔閭内傳》）

（3）哀帝初即位，褒賞大臣。（《漢書・何武王嘉師丹傳》）

（4）陽恩，人君賞其行；陰惠，天地報其德。（《論衡・福虛篇》）

（5）毋貽盲者鏡，毋予躄者履，毋賞越人章甫，非其用也。（《淮南子・說林訓》）

該時期文獻中授予動詞“賞”的雙賓語格式更加普遍，如例（2）中“賞”既帶接受者“之”，又帶授受物“百金”。單音節動詞“賞”新發展出“褒賞”“賞賜”“封賞”等複音形式，指稱賞賜的事件。授予動詞“賞”也可以意義泛化作普通的給與動詞，不強調上對下的語義特徵，如例（5）。

10. 表授予的“賚”

“賚”，最早作“釐”，表示賞賜和贈送。《說文》：“賚，賜也。從貝來聲。”段玉裁《說文解字注》引《毛傳》：“釐、賜也。釐者，賚之假借也。”“賚”字，金文作“釐”，如（善夫克鼎）。二字兩字雙聲通轉[12]。“釐”字初文為，孳乳派生出了、、釐諸字。

西周金文中“釐”多見，有人認為“釐”為“賚”字異文。如：

（1）女既靜京師，（賚）女，易女土田。（《多友鼎》）

（2）得屯亡敃，易（賚）無疆。（《大克鼎》）

（3）事尹氏受（賚）敔圭章、□貝五十朋。（《敔簋》）

該時期的“釐”作賜予義，表示上對下的賞賜，授予物多為田、貝等具體物品。動詞後可帶雙賓語或與事賓語。

春秋時期傳世文獻中“賚”作“釐”的用法如：

（1）其僕維何，釐爾女士。釐爾女士，從以孫子。（《詩經・大雅・既醉》）

（2）釐爾圭瓚，秬鬯一卣。告于文人，錫山土田。（《詩經・大雅・江漢》）

（3）王釐爾成，來咨來茹。（《詩經・周頌・臣工》）

---

12 有人認為“釐”為“賚”字異文。黃德寬主編：《古文字譜系疏證》，商務印書館2007年版，第4-6頁。

（4）釐降二女於嬀汭，嬪于虞。（《尚書・堯典》）

傳世文獻中“釐”為“賚”，表賜予義，僅見於《詩經》3 例和《尚書》1 例。例（1）《既醉》篇，《毛傳》：“釐，予也”，馬瑞辰《毛詩傳箋通釋》：“釐與賚雙聲，釐即賚之假借，故訓為予。”從例（2）句中“釐”和“錫”並用，亦可佐證“釐”在句中表示授予義。

春秋時期傳世文獻中用“賚”的用法如：

（1）既載清酤，賚我思成。（《詩經・商頌・烈祖》）

（2）祇復之，我商賚爾。（《尚書・費誓》）

（3）夢帝賚予良弼，其代予言。（《尚書・説命上》）

（4）用賚爾秬鬯一卣、彤弓一、彤矢百、盧弓一、盧矢百、馬四匹。（《尚書・文侯之命》）

（5）爾尚輔予一人，致天之罰，予其大賚汝。（《尚書・湯誓》）

“賚”在傳世文獻中均表示賞賜和贈送義，多見於《詩經》和《尚書》中。例（1）《烈祖》篇，《毛傳》注：“賚，賜也”。朱熹《詩集傳》注：“賚，與也。”《詩經・周頌・賚》篇《毛詩序》云：“《賚》，大封於廟也。賚，予也。言所以錫予善人也。”

漢代傳世文獻中，授予動詞“賚/釐”用法衰弱，句式主要有“動詞+與事+受事”“動詞+與事”“動詞+受事”格式。多用於涉及歷史典故的敘述中。例如：

（1）文王、孔子，率禮之人也，賞賚左右，至於醉酗亂身。（《論衡・語增篇》）

（2）楚王使使者賚金百鎰，造門曰：“大王使臣奉金百鎰，願請先生治河南。”（《韓詩外傳》卷二）

11.　表授予的“給”

“給”《説文》：“給，相足也。”《玉篇》：“給，足也。”“給”的本義是豐足、富裕，後引申出動詞供給、給予義。《廣韻・緝韻》：“給，供給。”

春秋時期，“給”産生於供給義。如：

（1）若匱，王用將有所乏，乏則將厚取於民。民不給，將有遠志，是離民也。（《國語・周語下》）

（2）貢之不入，寡君之罪也，敢不共給？（《左傳・僖公四年》）

（3）子有軍事。獸人無乃不給於鮮。敢獻於從者。（《左傳・宣公十二年》）

（4）夫大國之人。令於小國。而皆獲其求。將何以給之。（《左傳・昭公十六年》）

例（2）中的動詞“給”表示下對上的供給，施事為下位者，受事為上位者，多是民給官或小國給大國。動詞“給”多單用，也可後跟接受者或受事賓語，沒有雙賓語的用法，不是典型授予動詞的句法表現。動詞“給”産生之初傳授動作性較弱。

戰國時期文獻中“給”表給予義的用法開始萌芽。如：

（1）達子又帥其餘卒，以軍於秦周，無以賞，使人請金於齊王。齊王怒曰：“若殘豎子之類，惡能給若金？”與燕人戰，大敗，達子死，齊王走莒。（《呂氏春秋・權勳》）

此例中的“給”兼有供給和給予兩義，達子請求齊王供給軍隊必需的錢物，而齊王則認為沒有義務供給，無需給予達子軍隊錢物。

兩漢時期文獻中“給”表供給和給予義的用法開始出現。如：

（1）張耳是時脱身遊，女家厚奉給張耳，張耳以故致千里客。（《史記・張耳陳餘列傳》）

（2）莊廉，又不治其産業，仰奉賜以給諸公。（《史記・汲鄭列傳》）

（3）收穰侯之印，使歸陶，因使縣官給車牛以徙，千乘有餘。（《史記・范睢蔡澤列傳》）

（4）上許，令尚書給筆札。（《史記・司馬相如列傳》）

（5）始高祖微時，有急，給高祖一馬，故得侯。（《史記・高祖功臣侯者年表第六》）

（6）今受魚而免，誰復給我魚者?（《史記・循吏列傳》）

（7）燒其積聚，以破其業，無以給項王軍食。（《史記・荊燕世家》）

（8）過汝，汝給吾人馬酒食，極欲，十日而更。（《史記・酈生陸賈列傳》）

（9）郡大生旅豆，收得一萬餘斛，以應給諸營。（《東觀漢記・寇恂傳》）

（10）乃贈將軍，給侯印綬。（《東觀漢記・祭遵傳》）

（11）陛下見妾在椒房，終不肯給妾纖微内邪?（《漢書・外戚傳》）

（12）私給衣食，視遇甚有恩。（《漢書・宣帝紀》）

（13）留蕭何收巴、蜀租，給軍糧食。（《漢書・高帝紀》）

（14）賜給喪事者，二千石錢二萬，六百石以上萬，五百石、二百石以下至佐史五千。（《漢書・惠帝紀》）

兩漢傳世文獻中，授予動詞“給”主要表示供給義，供給突出表達授予者供給的是在義務上給對方提供所需要的必需物品。表給予義的用法少見。供給義動詞“給”不同於一般的授予動詞。施受關係主要是[+上對下]，授予物為以糧食、軍餉、車馬居多。供給義的“給”在授予者、接受者和授予方式等方面都有比較多的限制。給予義的“給”明代以前用例有限，明代得到進一步發展，清代發展很快，與現代漢語用法接近。

總之，漢語史研究發現“給”不分授予者和接受者之間的親疏關係或上下關係，表達“授予者給予接受者某物”。授受物的語義色彩，多半可以是有益於接受者的幫助、好感等，或不利於接受者的打擊、震撼等。授受物的物件可以是食物等具體事物，也可以是打擊、機會等抽象事物。

12.　結論

以上研究表明，古漢語授受動詞使用數量豐富，本文共研究了 10 個詞，其中有一個詞“受”既有授予義和接受義，其餘的詞只表授予義。沒有單獨表接受義的詞。表授予義動詞中，語義範疇有賜予、付予、進獻、饋贈、供給等。上古“受”表“授予”和“接受”，二者授受物的交遞呈兩個相反的方向。表示“授予”的時候，是指授受物從授予者自己的身邊移到接受者的身邊。從說話人的角度來看，是授受物向外移動，是外向型予取；而表示

“接受”的時候，是指授受物從授予者那裏移到接受者自己的身邊。從説話人的角度看，是授受物向内移動，是内向型予取。外向型授受包括第一人稱給第二人稱和第三人稱，第二人稱給第三人稱。内向型授受包括第三人稱給第二人稱和第一人稱，第二人稱給第一人稱。在進行授受物交遞時，存在有雙方的人，不同的授受動詞，影響授予者和接受者在句子中作主語和賓語的位置。在表授予義的動詞句中，多用於主動句，授予者多作主語，以施事者的身份出現。有時也用於被動句，接受者作主語，以受事的身份出現。授予者降格作補語，常伴隨有介詞標記。在進行授受物交遞時，雙方的地位、年齡也不同程度地影響句子表達。在含有“贈予、饋贈”義的動詞句中，授予者多為授受物的持有者或主導者，在交流過程中處於主導地位。接受者則多為處於與授予者有特定關係中的一方，在某一方得到授予者的認可；在含有“獎賞”義的動詞句中，授予者的地位高於接受者，授予者擁有獎賞的權力，具有權威性，接受者是有突出表現的個人或集體。獎賞類動詞的授受物一般是實物、稱號、財物等。古漢語授受動詞是他動詞，所授予的授受物一般作賓語，有時用介詞“以”將授受物賓格加以強調。

從類型學看，古漢語傳世文獻中授受義動詞在授受主體、授受物件、授受客體以及授受方式等方面，既有古漢語自身的特點，也有與世界語言共同的特徵。與日語相比較，古漢語授受動詞的含義和用法與日語有很大差異。如：古漢語既有無論給予和接受只用一個“受”字的用法，也有只表授予義的“與、予、遺、饋、貽、賜、賞”等用法，表授予義詞彙數量多。這一點與日語有相同之處。但是古漢語授受動詞有的具有指向性，而有的沒有明確外指向和内指向性；而日語表示給予和接受則有不同的詞承擔，並且都具有明確的方向性，有向外指向性付出與向内指向性得到，有真實向外指向性和非真實向外指向性兩種特徵。再如：古漢語授予動詞中很多是表達獎賞和饋贈義的動詞，如“遺、貽、賜、賞”等，差不多佔有給予義動詞的一半。這體現中國古代文化中對周圍的人實施恩惠和獎賞的重視程度，反映了中國古代人民的恩惠意識。這一點與日語是一致的。再如：古漢語授受動詞在句法表達時百分之八十的句子中都含有一定的等級性，具體表現為上下地位等級、尊卑等級、年齢等級等。同樣日語中授受動詞也有明顯的等級觀念。當然，這只是一個初步的討論，更深入的類型學探討還需要我們進行專門研究。

参考文獻

傅惠鈞(2001)《〈金瓶梅詞話〉中的授與動詞“給”》《中國語文》第3期：275.

黃德寬(2007)《古文字譜系疏證》，北京：商務印書館.

李宗江(1999)《〈紅樓夢〉中的“與”和“給”》《漢語常用詞演變研究》：124-138頁，北京：漢語大詞典出版社.

劉堅(1992)《〈訓世評話〉中所見明代前期漢語的一些特點》《中國語文》第1-6期：287-294.

劉宋川(1998)《先秦雙賓語結構考察》《湖北大學學報(哲學社會科學版)》第4期：68-72.

武振玉(2009)《先秦時期的“賞”、“賜”之別》《西華大學學報(哲學社會科學版)》第3期：48-51.

武振玉(2010)《殷周金文中的賜予義動詞》《陝西師範大學學報(哲學社會科學版)》第3期：156-160.

張伯江(1999)《現代漢語的雙及物結構式》《中國語文》第3期：175-184.

張玉金(2001)《甲骨文語法學》上海：學林出版社.

朱德熙(1979)《與動詞“給”相關的句法問題》《方言》第2期：81-87.

(日)志村良治(1995)《中國中世語法史研究》，江藍生、白維國譯，北京：中華書局.

(日)太田辰夫(1987/2003)《中國語歷史文法》，蔣紹愚、徐昌華譯，北京：北京大學出版社.

授与動詞文に関する日中対照研究
—構文の意味拡張という観点から—
A Japanese-Chinese contrastive study on give verb sentence: In terms of semantic extension of the syntax

古賀　悠太郎
KOGA　Yutaro

提要　本研究以“句型的意思扩大”这个概念为线索考察日语和汉语授予动词句的对应关系，其结论如下：①只表达物体的授予的句子与“给-人-N”对应。②表达物体＋事态的授予的句子与“V-给-人”对应。③表达事态＋物体的授予的句子主要与“给-人-V”对应。④关于只表达事态的授予的句子，若施事（物体或事态的授予行为的主体）的动作对象为受事（物体或事态的授予行为的对象）的身体的一部分或所有物，则与“给-人-V”对应；若施事的动作对象为受事本身，则不能与汉语的授予动词句（“V-给-人”和“给-人-V”）对应。

キーワード：授与動詞文　構文の意味拡張　「(て) やる」　“给”

1.　はじめに

本稿は授与動詞文（授与を表す動詞を述語とする文）に関する日本語と中国語の対照研究である。なお，「授与」（やり）と「受納」（もらい）を合わせた概念が「授受」（やりもらい）であるが，本稿の研究対象は授与動詞文であり，授受動詞文ではないということに注意されたい。

1.1　研究対象

よく知られているように，日本語には授与動詞「やる（あげる)」「くれる」と受納動詞「もらう」が存在しており，これらは 1 つの授受の体系を成しているという点で，他の授与動詞（与える，渡す）や受納動詞（受け取る，得る）とは一線を画していると言うことができる。

(1)　私が太郎にプレゼントをやった。（授与）

(2)　太郎が私にプレゼントをくれた。（授与）

(3)　私が太郎にプレゼントをもらった。（受納）

また，これらの動詞はすべて，補助動詞としての用法「V-てやる」「V-てくれる」「V-てもらう」を有する。

一方，中国語の代表的な授与動詞と言えば，やはり“给”である。

(4)　我给了小李礼物。（授与）

そして，“给”は“V-给-人”や“给-人-V”[1]のように日本語の補助動詞に近い用法も有する。

また，受納動詞も“收”“领”などが存在するが，これらは補助動詞に近い用法は存在しない。

さて，上で挙げたいくつかの動詞のうち，本稿の研究対象は日中両語の授与動詞である。ただし，「（て）くれる」は視点が与格目的語や非主語に置かれるという点で“给”とは性質がかなり異なるため，本稿では基本的に扱わない。したがって，本稿の研究対象は以下の通りになる。

・【日本語】「やる」と「V-てやる」

・【中国語】“给”と“V-给-人”“给-人-V”

1.2　研究課題

「やる」と“给”は「モノの授与」を表し，「V-てやる」と“V-给-人”“给-人-V”は主に「コトの授与」を表すことから，両者は対応しやすいとまずは思われる。

(5)　太郎が二郎にプレゼントをやった。

1　“人”は受納者全般を表す。受納者は多くの場合は人間であるので“人”と表記するが，動植物や生命を持たない物である場合もある。

太郎给了二郎礼物。

(6) 太郎が二郎に手紙を書いてやった。

太郎 {写-给了-二郎 / 给-二郎-写了} 一封信。

しかし，特に「V-てやる」と“V-给-人”“给-人-V”は対応しないことも多い。

(7) 太郎が二郎を守ってやった。

*太郎 {守护-给了-二郎 / 给-二郎-守护了}。

そこで本稿では，日本語と中国語の授与動詞文はどの程度対応しているのかについて，益岡（2001，2013）の「構文の意味拡張」という概念（第3節で詳説）を手がかりに考察したい。

2. 先行研究

議論に入る前に，日本語と中国語の授与動詞文（あるいは，授受動詞文）に関する先行研究のうち，本稿と関連性があるものをいくつか押さえておきたい[2)]。

2.1 大江（1975），久野（1978）

大江（1975）と久野（1978）は，日本語の授受動詞「(て) やる」「(て) くれる」「(て) もらう」について「視点」という観点から説明している。すなわち，①「(て) やる」は主語（モノ・コトの授与者）寄りの視点を表す，②「(て) くれる」は与格目的語や非主語（モノ・コトの受納者）寄りの視点を表す，③「(て) もらう」はモノ・コト受納者である主語寄りの視点を表すという説明である。

これら3つの動詞のうち「(て) やる」と「(て) くれる」はともに授与動詞であるが，すでに述べた通り，本稿ではこのうち主語寄りの視点を表

2 第2節で取り上げる先行研究のほか，日中対照研究も存在する。たとえば，奥津（1983）は授与動詞文に関する日本語と中国語（そして英語，朝鮮語）の対照研究であるが，本稿の議論と直接的に関係するものではないので，ここでは取り上げない。

す「(て) やる」のみを研究対象とする。

2.2　益岡（2001，2013）

益岡（2001，2013）は，日本語の授受動詞文について構文の意味拡張という観点から分析を加えている。

益岡の数々の指摘のうち本稿の議論と直接的に関係があるのは，「やる／くれる／もらう」から「V-てやる／V-てくれる／V-てもらう」への拡張は「モノの授与」から「コトの授与」への意味の拡張であるという点である。つまり，「太郎が二郎にプレゼントをやる」などが授与者から受納者へのモノの授与を表すのに対して，「太郎が二郎を手伝ってやる」などは授与者（与益者）から受納者（受益者）へのコトの授与を表すということである[3)]。

なお，益岡（2001，2013）がさらに指摘しているように，特に「てくれる」には，「ようやく涼しくなってくれた」のように，コトの授与も認められず，もっぱら「話し手の評価（当該の事態が恩恵的である）を表示する文」が存在する。ただし，このタイプの文は明らかに中国語の授与動詞文とは対応しない（*天气｛变凉快-给-我们 / 给-我们-变凉快｝)。そのため，この部分は本稿ではこれ以上扱わない。

2.3　杉村（2006），今井（2018）

杉村（2006）は中国語の授与を表す文に関する総合的な研究であると言えるが，中でもどのような動詞が“V-给-人”と“给-人-V”を形成するのかについて整理しているところが，本稿と関連性を有する。

①“V-给-人”を形成する動詞はGIVE型動詞（送，借，还，教），KICK型動詞（踢，投，扔），そして MAIL 型動詞（写信，打电话）である，そして②“给-人-V”を形成する動詞は MAIL 型動詞，TAKE 型動詞（买，

3　以下，「授与者」と「与益者」は前者に代表させる。同様に，「受納者」と「受益者」も前者に代表させる。与益者は恩恵の授与者であると言えるし，受益者も恩恵の受納者であると言えるからである。

要，领），MAKE 型動詞（做）である。

なお，今井（2018）も杉村（2006）と同じような整理を試みているが，杉村の GIVE 型は今井では“送”類（モノそのものの授与）と“告诉”類（知識の授与）に分けて扱われているなどの違いがある。

どのような動詞がどのような種類の授与動詞文を形成するかという観点は，本稿の議論とも関連性を有する。ただし，本稿は日本語の授与動詞文を起点として中国語との対照研究を試みるものである。その点で，杉村（2006）や今井（2018）の用語は特に日本語学研究の分野において必ずしも分かりやすいものではないという理由から，授与動詞文を形成する動詞について，本稿では独自の分類を準備する。

3.　構文の意味拡張

議論に入る前に，まず，構文の意味拡張という概念について詳しく紹介しておく。

すでに述べた通り，「やる」から「V-てやる」への拡張はモノの授与からコトの授与への拡張である。これを踏まえて，本稿では，授与動詞文を「意味拡張の度合い」に基づいて次のように 2 類 4 タイプに分類する。

- ・【X】モノの授与を表す文
  - ・【Xa】モノの授与のみを表す文
  - ・【Xb】モノの授与に伴ってコトの授与も表す文
- ・【Y】コトの授与を表す文
  - ・【Ya】コトの授与に伴ってモノの授与も表す文
  - ・【Yb】コトの授与のみを表す文

つまり，日本語の授与動詞文に【Xa→Xb→Ya→Yb】の意味拡張の段階を認めるということである。以下，詳しく説明していく。

まず，モノの授与を表す文は，次のようなものである。

(8)　太郎が二郎に本を<u>やった</u>。　　　　【Xa】

(9)　太郎が二郎に本を<u>貸してやった</u>。【Xb】

このうち，例(8)は太郎から二郎へのモノ（本）の授与のみを表す。

また，例(9)も太郎と二郎の間のモノ（本）の授与を表すが，同時に，コト（貸す）の授与も認められる。太郎の「貸す」という行為は二郎に向かって行われるものであるし，その行為を受けることは二郎にとって恩恵的であると言えるからである。

次に，コトの授与を表す文は，次のようなものである。

(10)　太郎が二郎に夕食を作ってやった。【Ya】

(11)　太郎が二郎を手伝ってやった。　【Yb】

まず，例(10)は主に太郎と二郎の間のコト（作る）の授与を表す。太郎の「作る」という行為は二郎に向かって行われるものであるし，その行為を受けることは二郎にとって恩恵的である。そして，この行為には太郎から二郎へのモノ（夕食）の授与も伴う。

なお，先に挙げた例(9)はモノ（本）の授与にコト（貸す）の授与が伴うのに対して，(10)はコト（作る）の授与にモノ（夕食）の授与が伴うという点が異なる。(9)が主にモノの授与を表すと言える理由は，「貸す」という動作（動詞）は受納者を「～に」などの形で言語化しなくても「本を貸す」だけですでにモノの授与が表されるからである。一方，(10)は「夕食を作る」だけでモノの授与を表すことはなく，「二郎に夕食を作る」「二郎に夕食を作ってやる」の形ではじめてモノの授与の意味も含むようになることから，主にコトの授与を表しており，モノの授与は付随的な意味にすぎないと考えることができる。

次に，例(11)はコト（手伝う）の授与のみを表す。太郎は二郎を対象として「手伝う」という行為を行うわけであるし，二郎にとってその行為を受けることは恩恵的である。そして，この行為はモノの授与は伴わない。

以上，構文の意味拡張という概念について説明を加えた。これを踏まえて，続く第4節と第5節ではそれぞれモノの授与の文とコトの授与の文を取り上げ，日本語と中国語がどの程度対応しているかを観察する。

4.　モノの授与の文

4.1　モノの授与のみを表す文【Xa】

日本語の「やる」（[人] にNをやる）と中国語の“给”（给-人-N）はともにモノの授与のみを表す。そして，両者は基本的に対応する。

（12）太郎が二郎にプレゼントをやった。（＝例5）
　　　太郎给了二郎礼物。

ただし，益岡（2001）が指摘しているように，日本語の場合は授与の対象物（N）が「好ましいもの」である必要がある。

（13）多くの学生に優をやった。（益岡2001:27）
（14）?一部の学生に不可をやった。（益岡2001:27）

そして，「N」が好ましいものではない場合，「与える」「渡す」など他の動詞を使用するしかない。

（15）多くの学生に不可を与えた。（益岡2001:27）

これに対して，中国語の場合，下の例(16)のようにやはり“N”は好ましいものであることが多いが，(17)のようにそうではない例も成立する。

（16）每次作完报告，邀请单位给他蛋糕等礼物，
　　　　　　　　　　　　（BCC・《文汇报》2001年6月29日）
　　　毎回報告が終わると，依頼元は彼にケーキなどのプレゼントをやった[4)]。
（17）这是他第二次给他太太罚单。（BCC・微博）
　　　これで彼が妻に違反切符を出すのは2回目だ。

上記のような違いがあるものの，日本語の「やる」と中国語の“给”はともにモノの授与のみを表し，両者は基本的に対応すると考えてよい。

4　中国語例文の日本語訳や日本語例文の中国語訳は筆者による。ただし，筆者は中国語話者ではないため，日本語例文の中国語訳については日本語を理解する中国語話者のチェックを経ている。

4.2　モノの授与に伴いコトの授与も表す文【Xb】

「お金を貸してやる」「ボールを蹴ってやる」などは，主に授与者から受納者へのモノ（お金，ボール）の授与を表すが，同時にコト（貸す，蹴る）の授与も認められる。

一般に，次に挙げるような動詞が「V-てやる」などの形で述語になるとき，その授与動詞文はモノの授与に伴いコトの授与も表す。

- ・【手渡し型動詞】贈る，渡す，貸す，分ける，プレゼントする
- ・【投擲型動詞】投げる，放る，蹴る

「手渡し型動詞」は，授与者と受納者が同じ場所に位置する状態で授与行為が直接的に行われることを表す動詞である。「投擲型動詞」は，授与行為が蹴る，投げるなどの方法で行われることを表す動詞である。

そして，この場合，基本的に中国語の“V-给-人”に対応し得ると考えられる。以下，手渡し型動詞と投擲型動詞に分けて詳しく見ていく。

【手渡し型動詞の場合】

(18)　彼は，桃吉に〔…〕八万五千円のダイヤのネックレスを贈ってやった。(BCCWJ・千田稔『明治・大正・昭和華族事件録』)
他送-给了-桃吉一条八万五千万日元的钻石项链。

(19)　（彼女が）あまりに退屈そうなので，ストックホルムの本屋で買った写真集を貸してあげた。
(BCCWJ・残間昭彦『白夜の風に漂う』)
她看起来很无聊，我把我在斯德哥尔摩（Stockholm）的书店里买的写真集借-给了-她。

また，中国語の側から見ても，“V-给-人”は文法的には日本語の「V-てやる」に対応すると言える。ただし，場合によっては「恩着せがましさ」などが生じることがあるので注意が必要である。

(20)　我在睡房内听到他开门离去的声音，就冲出来，把雨伞递-给-他，他没有接我的雨伞，(BCC・梁凤仪《弄雪》)

私は寝室にいて彼が出かける音が聞こえたので，すぐに部屋を出て，傘を｛渡してやった／渡した｝が，彼は受け取らなかった。

(21) 女服务生过来了，递-给-他一把标有编号的客房钥匙。

（BCC・把裔《小城宝贝》）

女性の従業員がやってきて，彼にルームナンバーが入ったカギを｛?渡してやった／渡した｝。

例(20)は，“把雨伞递给他”（傘を渡す）の授与者“我”（私）と受納者“他”（彼）が一つ屋根の下にいるような関係であるし，「V-てやる」（渡してやる）を選択しても恩着せがましさなどが前面に出ることはない。一方，(21)は，“递给他一把钥匙”（鍵を渡す）の授与者は“服务生”（従業員）で，受納者“他”（彼）は宿泊客である。そのため，「V-てやる」（渡してやる）を選択するのは，宿泊客に対して失礼であるので，避けるべきである。

【投擲型動詞の場合】

(22) 李君が楊君にボールを蹴ってやった。

小李踢-给了-小杨一个球。

(23) 小鳥など喧しいほどだ。国次は木っ株へ腰掛けて弁当食べながら言っている。「〔…〕ホレ，もっとこっちさ来ォ」と弁当の飯を投げてやる。（BCCWJ・見川鯛山『山医者の読みグスリ』）

小鸟很吵。国次坐在树桩子上一边吃盒饭一边说：“再过来一点儿。”便扔了一些饭粒-给-小鸟。

日本語の場合，例(22)が示しているように，「V-てやる」（蹴ってやる，投げてやる，放ってやる）は「攻撃性」などを感じさせる可能性があるため，基本的には避けたほうがよいと思われる。「V-てやる」が問題なく使用できるのは，(23)のように，授与者の「N を（投げる，蹴るなどの方法で）渡す」という行為が受納者にとってありがたいという場合に限られる。

一方，中国語の“V-给-人”はそのような制限はない。つまり，“踢-给-人”“扔-给-人”などは「授与者が N を受納者に（投げる，蹴るなどの方法で）渡す」ということを表すにすぎず，攻撃性を感じさせることはない。

以上を踏まえて，今度は中国語の側から日本語との対応関係を見ると，“V-给-人”は「V-てやる」に訳さないほうがよい場合が多いということになる。「V-てやる」は攻撃性を感じさせる可能性が高いからである。つまり，「V-てやる」と“V-给-人”は日本語から中国語への単方向の対応ということになる。

(24) 冷清夜把几袋衣服扔-给-她们。“哇，好棒喔！”

（BCC・江流水《风月情妇》）

冷清夜は彼女たちに服を何袋か{?投げてやった／投げ渡した}。「すてき！」

この例の“扔给她们”は「投げてやる」と対応するとは言えない。「投げてやる」はやはり攻撃性を感じさせる可能性があるが，授与者“冷清夜”（冷清夜）は攻撃するために受納者“她们”（彼女たち）に“衣服”（服）を投げて渡したわけではないからである。その証拠に，“她们”は“衣服”を受け取ると“哇，好棒喔！”（すてき！）と言っている。

ただし，この場合は「投げる」（?彼女たちに服を何袋か投げた）も文法的にやや不自然なので，「投げ渡す」などにするとよいだろう。

5.　コトの授与の文

5.1　コトの授与に伴いモノの授与も表す文【Ya】

「手紙を書いてやる」「本を買ってやる」「夕飯を作ってやる」などは，主にコト（書く，買う，作る）の授与を表すが，同時にモノ（手紙，本，夕飯）の授与も表す。

一般に，次に挙げるような動詞が「V-てやる」などの形で述語になるとき，その授与動詞文はコトの授与に伴いモノの授与も表す。

・【遠隔型動詞】手紙を書く，電話する，メールを送る

・【転送型動詞】買う，借りる，注文する，（食事を）作る，（家を）建てる，（服を）縫う，（お金を）準備する，（お金を）用意する

「遠隔型動詞」は，授与者と受納者が離れた場所にいる状態で授与行為が行われることを表す動詞である。これらの動詞の「V-てやる」は基本的に中国語の“V-给-人”及び“给-人-V”に対応し得ると考えられる。

「転送型動詞」は，授与者があるモノを手に入れた後，あるいは作成した後にそれを受納者に授与することを表す動詞である。「買う」（買ってやる）ならば授与者はお金を出してあるモノを手に入れた後，それを受納者に授与することになる[5)]。また「作る」（作ってやる）ならば，授与者はあるモノを作成した後に，それを受納者に授与することになる。これらの動詞の「V-てやる」は基本的に中国語の“给-人-V”に対応し得ると考えられる。

以下，遠隔型動詞と転送型動詞に分けて詳しく見ていく。

【遠隔型動詞の場合】

(25)　じゃあ，ちょっとフジテレビのプロデューサーに電話してあげようか。（BCCWJ・ビートたけし『たけしの新・坊っちゃん』）
那我来｛打电话-给-富士电视台的制片人／给-富士电视台的制片人-打电话｝吧？

このように，「V-てやる」（電話してやる）は中国語の“V-给-人”（打电话-给-人）及び“给-人-V”（给-人-打电话）の両方に対応する。

一方，中国語の側から見ると，“V-给-人”と“给-人-V”は文法的には「V-てやる」と対応するが，これは「恩着せがましさ」などが生じることが多いので，基本的には避けた方がよいと思われる。つまり，「V-てやる」と“V-给-人”“给-人-V”は日本語から中国語の単方向の対応であると考

5　「買ってやる」は，商売活動をしている人の売り上げに貢献するために売っている商品を買うという可能性もあるが，この用法は転送型動詞には含まれない。

えた方がよいということである。

(26)　读了教授最近的论文之后，他就写信-给-他，表示反对，他责备教授对唯物论者太让步了；（BCC・托尔斯泰《安娜=卡列宁娜》）
教授の最近の論文を読んで，彼はその教授に｛?手紙を書いてやった／手紙を書いた｝。教授が唯物論者にあまりに譲歩していることについて彼は批判した。

ただし，“汇（款）-给-人”や“给-人-汇（款）”はほかの“V-给-人”や“给-人-V”に比べると「V-てやる」に対応しやすい。これは，「お金」は基本的に誰にとっても受け取るのが嬉しいものであり，それだけに恩恵性を感じやすいからであろう[6]。

(27)　蒋少祖回信很少——显然他不知道应该说什么——但给-她-汇了不少的钱。（BCC・路翎《财主的儿女们》）
蒋少祖はあまり返信はしなかったが——どう見ても何を言っていいか分からなかったのだ——彼女に多くの額を｛送金してやった／送金した｝。

【転送型動詞の場合】

(28)　食事のあと，私は一人，ロビーの土産店へ。母にめのうのブローチを買ってあげました。（BCCWJ・Yahoo！ブログ）
吃完饭我一个人去大厅的纪念品商店给-妈妈-买了一枚玛瑙胸针。

(29)　おなべを側室にした信長は，彼女のために近江に小城をつくってやっています。（BCCWJ・津本陽『歴史に学ぶ』）
信长把小锅（兴云院）纳为妾，给-她-在近江盖了一座小城堡。

(30)　私どもはもちろん，広告代理店相手に，ここまではお金を使えるという予算を用意してやったから，それはそれでよかったんだけれどもね。（BCCWJ・青田吉弘『情報化社会対話集』）

6　この点については古賀（2021）も参照されたい。

不只是我们这边的预算，我们也给-广告代理公司-准备了相应的预算，所以这样做挺好的。

このように，「V-てやる」（買ってやる）は基本的に中国語の“给-人-V”（给-人-买）に対応する。

また，中国語の側から見ても，“给-人-V”は「V-てやる」に対応するし，「てやる」を伴わない形式のほうがかえって不自然になることが多いようにも感じられる。

(31)　我父亲是个糖尿病患者，为了更好地监控血糖，我给-他-买了一台进口品牌的血糖监测仪，（BCC・《文汇报》2005年9月26日）
父は糖尿病だ。血糖値をきちんと管理するため，父に輸入物の計測器を｛買ってやった／?買った｝。

(32)　去年我给-他-买了一件夹克衫，他一看就说：“不怎么样！”不愿穿。（BCC・《人民日报》1994年）
去年彼にジャケットを｛買ってやった／?買った｝が，「好きじゃない！」と言って彼は着たがらなかった。

(33)　中午我给-他-做了午饭，我们一起吃完了午饭以后，他就回房间睡觉去了，而我就一直在这里看书。（BCC・蔡骏《夜半笛声》）
お昼は私が彼に昼ご飯を｛作ってやった／?作った｝。食べ終わると，彼は部屋に戻って昼寝をして，私はここでずっと本を読んでいた。

つまり，同じ「V-てやる」であっても，「お金を貸してやる」「ボールを蹴ってやる」「手紙を書いてやる」などに比べると，「靴を買ってやる」「夕飯を作ってやる」などは使用しやすい。言うまでもなく，「V-てあげる」はより使用しやすい。

5.2　コトの授与のみを表す文【Yb】

「AがBのNを洗ってやる」「AがBを守ってやる」は，授与者（A）の行為が受納者（B）の身体の一部分，所有物あるいは受納者自身を対象としており，またその行為が受納者にとって恩恵的であるという意味で，コトの授与を表すと言うことができる。そして，モノの授与は伴わない。

では，日本語のコトの授与のみを表す文は中国語の“V-给-人”や“给-人-V”に対応するか否か，例文を観察したいと思う。

まず，授与者の行為が受納者の身体の一部分や所有物を対象としている場合，「V-てやる」は基本的に“给-人-V”に対応できる。

(34)　ドイツ人の女の子は，仲良くなった女の子のために自分のシャンプーを持ってきて美しい髪を洗ってあげていた。

(BCCWJ・ひのもと由利子『インド』)

德国小女孩为了好朋友特意拿来了自己的洗发水，给-她-洗了头发。

また，中国語の側から見ても，“给-人-V”は「V-てやる」に対応するし，「てやる」を伴わない形式がかえって不自然に感じられることが多い。

(35)　医生给-他-洗净了伤口，从中夹出无数的铅片来。

（BCC・凡尔纳《巴尔萨克考察队的惊险遭遇》）

医者は彼の傷口を｛洗ってやり／?洗い｝，中から鉛の破片をたくさん取り出した。

つまり，5.1 節で観察した「転送型動詞が「V-てやる」の形で使用される場合」と同様であると言える。

次に，授与者の行為が受納者自身を対象としている場合について観察していきたい。

まず，「V-てやる」の動詞（V）が「励ます」（鼓励），「慰める」（安慰），「支える」（支持），「助ける」（帮助）などの場合，中国語の“给-人-V”に対応し得る（“V-给-人”には対応しない）。

(36)　相談できる友達も親もいないんです。そんなときは，「〔…〕あなたにはすごい未来があるのよ」と励ましてあげるんです。

（BCCWJ・『週刊朝日』2002 年 9 月 6 日号）

他没有朋友或者父母可以商量。这种时候我会｛给-他-鼓励 / 鼓励-他｝说：“你的未来一定很棒”。

ただしこの場合，“给他鼓励”は“给-人-V”（励ましてやる）と言うよりも，“给-人-N”（励ましを与える）として成立している可能性もある。つまり，“鼓励”“安慰”“支持”“帮助”などは動詞ではなく名詞として存在している可能性があるということである。また，“给-人-V”の形のほか，他動詞文“V-人”（鼓励-他）とも対応する。

そして，中国語の側から見ても，“给-人-V”は「V-てやる」のほか「Vのみ」とも対応する。

(37)　他伸出一手拢住她的肩，另一手环住她的腰将她抱起，〔…〕拥著她，摇晃著她，想给-她-安慰。（BCC・关雅《藏心男子》）
彼は片手を伸ばして彼女の肩を引き寄せ，もう片方の手は腰に回して抱き締め，彼女を抱きかかえ，身体を揺すって，彼女を｛慰めてやろう／慰めよう｝とした。

次に，「V-てやる」の動詞（V）が「守る」（守护），「導く」（带领），「救う」（拯救），「育てる」（培养），「誘う」（邀请）など他の動詞の場合，“V-给-人”と“给-人-V”のいずれとも対応せず，他動詞文“V-人”としか対応しない。

(38)　天才は凡人を犠牲にしても，許されるの。私が聖人さんを守ってあげるわ。（BCCWJ・赤川次郎『三毛猫ホームズの世紀末』）
天才牺牲平凡的人也会被原谅。我会｛*守护-给-圣人／*给-圣人-守护／守护-圣人｝。

以上の観察から，コトの授与のみを表す文のうち，授与者の行為が受納者自身を対象としている場合については，基本的には中国語の“V-给-人”や“给-人-V”に対応しにくいと考えたい。

6.　日中両語の対応関係の整理

ここで，第4節と第5節で観察した日中両語の授与動詞文の対応関係を整理すると，次の表1のようになる。

表 1　日中両語の授与動詞文の対応関係

日本語の授与動詞文			中国語
モノの授与	モノの授与のみ	プレゼントをやる	给-人-N
	モノ＋コトの授与	ペンを貸してやる	V-给-人
コトの授与	コト＋モノの授与	手紙を書いてやる	V-给-人 给-人-V
		本を買ってやる	给-人-V
	コトの授与のみ	髪を洗ってやる	给-人-V
		友達を励ましてやる	（给-人-V）
		友達を守ってやる	—

表 1 から，日本語のモノの授与を表す文は中国語の“给-人-N”と“V-给-人”に対応し，コトの授与を表す文は主に“给-人-V”に対応する（ただし，「手紙を書いてやる」のように“V-给-人”に対応することもあれば，「友達を守ってやる」のように“V-给-人”と“V-给-人”のいずれにも対応しない場合もある）ということが分かる。

とはいえ，中国語の授与動詞文について，“给-人-N”→“V-给-人”→“给-人-V”という構文の意味拡張の段階が認められると主張できるか否かは，さらなる検討が必要である。

また，本稿ですでに挙げた例も示しているように，日本語の「(て) やる」と中国語の“给”は対応しないこともまた多い。

(39) 太郎が二郎を守ってやった。(＝例 7)
*太郎 {守护-给了-二郎 / 给-二郎-守护了}。

(40) 读了教授最近的论文之后，他就写信-给-他。(＝例 26)
教授の最近の論文を読んで，彼はその教授に {?手紙を書いてやった／手紙を書いた}。

このうち，「(て) やる」が“给”に対応しない場合，その大きな理由は，日本語の授与動詞文が表せるコトの授与の範囲が中国語のそれよりも広いからであろう。たとえば，「太郎が二郎を励ましてやる」のようにコトの授与のみを表す文のうち授与者の行為が受納者自身を対象としている文の場合，中国語では“V-给-人”と“给-人-V”のいずれで表すこともできない。

一方，“给”が「(て) やる」に対応しない場合，その大きな理由として，日本語では語用論的に「(て) やる」が使用しにくいことがあるということが挙げられる。「(て) くれる」が感謝や恩恵の気持ちを表すのに対して，「(て) やる」は恩着せがましさを感じさせてしまうことも多い。そのため，“V-给-人”や“给-人-V”のうち授与者が話し手自身である場合や第三者同士の授与である場合，“给”を「(て) やる」で表さないほうがいいことがある。

7.　おわりに

本稿では，日中両語の授与動詞文の対応について，構文の意味拡張という概念を手がかりに考察した。その結果，次のことが明らかになった。

①日中両語の授与動詞文の対応関係

- モノの授与のみを表す文：“给-人-N”に対応する
- モノ＋コトの授与を表す文：“V-给-人”に対応する
- コト＋モノの授与を表す文：主に“给-人-V”に対応するが，“V-给-人”に対応することもある
- コトの授与のみを表す文：授与者の行為が受納者の身体の一部分や所有物を対象としている場合は“给-人-V”に対応するが，受納者自身を対象としている場合は基本的に“V-给-人”と“给-人-V”のいずれにも対応しない

②「(て) やる」と“给”が対応しない理由

- 日本語の授与動詞文（てやる）が表せるコトの授与の範囲が中国

語のそれ（“V-给-人”“给-人-V”）よりも広い

・「てやる」は“V-给-人”“给-人-V”とは異なり恩着せがましさを感じさせることがあり，使用を避けたほうがよい場合がある

参考文献

今井俊彦（2018）「“给”を用いた授与形式の意味と用法」『防衛大学校紀要（人文科学分冊）』116：17-33. 防衛大学校.

大江三郎（1975）『日英語の比較研究―主観性をめぐって―』南雲堂.

奥津敬一郎（1983）「授受表現の対照研究―日・朝・中・英の比較―」『日本語学』2(4)：22-30.

久野　暲（1978）『談話の文法』大修館書店.

古賀悠太郎（2021）「“给”の日本語訳について」『中文日訳の基礎的研究（三）』：23-40. 日中言語文化出版社.

杉村博文（2006）「中国語授与構文のシンタクス」『大阪外国語大学論集』35：65-96. 大阪外国語大学.

益岡隆志（2001）「日本語における授受動詞と恩恵性」『月刊言語』30(4)：26-32.

益岡隆志（2013）『日本語構文意味論』くろしお出版.

中国語の授受表現のあり方と日本語訳について

A Study on Chinese Language Benefactive Expressions and their Japanese Translation

戦　慶勝
ZHAN Qingsheng

提要　本文以汉语中表示授受关系的“给”“为”“替”“帮”的语义分工和其应该如何翻译成日语为研究课题，在阐释“给”“为”“替”“帮”的语义及用法的基础上，进一步明确了“给”“为”“替”“帮”和日语中的授受表述形式的对应及非对应关系。汉语的“给”“为”“替”“帮”均可表示恩惠的输出和输入，但必须与人称互动以后方可标明恩惠的输送方向。而日语中表示授受关系的各种形式因内含有和行为主体相关的人称义，所以即使没有人称的加持也能够标明恩惠的输送方向。汉语的“给”“为”“替”“帮”在翻译成日语时，除了要参酌其前后的人称以外，还必须关注其各自的语义分工，“替”“帮”在表示输出入某种恩惠的同时，还具有标明输出入方式的语义功能。

キーワード：　恩恵　介詞　人称　主体　受け手

1.　はじめに

日本語の授受表現は述部の性格の違いによって二つのグループに分けられている。一つは「やる」「あげる」「さしあげる」「くれる」「くださる」「もらう」「いただく」のような動詞のグループであり、もう一つは「～てやる」「～てあげる」「～てさしあげる」「～てくれる」「～てくださる」

「〜てもらう」「〜ていただく」のような補助動詞のグループである。

一方、中国語の授受表現も二つのグループに分けることが可能である。“给”“为”“替”“帮”の後にさらに動詞が現れるか否かによって、“NP_1＋VP（给、替、帮）＋NP_2”のような動詞フレーズのグループと“NP_1＋prep（给、为、替、帮）＋NP_2＋VP＋NP_3”のような介詞フレーズ（介词短语）のグループに分けて考えることが可能である。

辞書的意味、教科書的意味について言うかぎり、日本語のやりもらい表現は中国語の“NP_1＋VP（给、替、帮）＋NP_2”、または“NP_1＋prep（给、为、替、帮）＋NP_2＋VP＋NP_3”のような形で訳すことが可能である。しかし、どんな場合“给”で訳すべく、どんな場合に“为”“替”“帮”で訳すべきかについては明確なルールが示されていない。中国語の授受表現を日本語に訳す場合も明確なルールが確立されていないようである。本稿は類義語研究の観点から動詞としての“给”“替”“帮”及び介詞としての“给”“为”“替”“帮”の共通点や相違点を明らかにし、そうした上で、習得研究の観点から“给”“为”“替”“帮”を日本語に訳す場合、どんなことに留意すべきかを明らかにする。

2.　先行研究と本稿の仮説

日本語の授受表現の意味・用法に関して、これまで数多くの研究が見られる。しかし、中国語のやりもらいを表す諸形式について類義語研究の観点から取り組む研究はあまり見られない。研究が深まっていないからか、辞書では授受を表す“给”の意味・用法について“为”“替”を用いて説明し、“为”の意味・用法について“给”“替”を用いて説明することが多い。

中国語のやりもらいに関わる意味・用法は主に“给”“为”“替”“帮”のようなものによって担われている。これらのものの意味・用法に関する研究は主に傅雨贤、周小兵等（1997）、陈春信（2001）、陈昌来（2002，2014）、徐德宽（2004）、方清明（2017）などが挙げられる。一方、日本語の授受表現に関する先行研究は寺村秀夫（1982)、森田良行（2002）などが挙げられる。徐昌华（1982：16-23）では日本語の「～てくれる」「～てやる」と中国語の“给”“替”との対応・非対応関係を取り上げ、門和沙日那(2006：53-56)では日本語の授受表現と“给”の意味・用法だけを取り上げているが、日本語の授受表現と“给”“为”“替”“帮”の意味・用法を網羅して照らし合わせるには至っていない。

傅雨贤、周小兵等（1997)、徐德宽（2004）では“给”の意味・用法について詳しく述べているが、“为”“替”“帮”の意味・用法には触れられていない。陈春信（2001）では“给+NP”“为+NP”のような構造を研究の対象としているが、“替”“帮”の意味・用法には言及されていない。陈昌来（2002）は“给”“为”“替”“帮”を介詞の一覧表に入れてはいるものの、それぞれの使い分けについてはまったく触れていない。このように、中国語の授受表現の意味・機能については部分的にしか問題視しない議論が多いようである。

恩恵の受け手を導く“给”“为”“替”“帮”は互いに緊密な関係にあり、一つの意味の場(field)を形成している。習得研究の立場から考えれば、“给”“为”“替”“帮”のような、同じ意味の場に属するものを日本語に訳す場合、それぞれの役割分担を念頭におかなければ、原文との間にずれが生じる恐れがある。つまり、“给”“为”“替”“帮”は文環境を問わず無条件で「やる」「あげる」「さしあげる」「くれる」「くださる」「もらう」「いただく」で訳せるわけではない。

本稿は恩恵の受け渡しを表す“给”“为”“替”“帮”の役割分担を解明し、それを日本語に訳す場合どんなことに留意すべきかを研究テーマとしているので、日本語の授受表現にまつわる諸現象を研究の対象としない。そのため、日本語の授受表現に関する先行研究については特に取り上げないことにする。

“给”“为”“替”“帮”の意味・用法について考える場合、人称の役割を無視してはならない。受け渡し行為を表す動詞及び恩恵の受け手を導く介詞は人称代名詞などとの協働によって、はじめて恩恵の向きが明確になるのである。いわば、どういう形で受け渡しを実現するか、隠された本来の主役が誰なのかということは常に陰で“给”“为”“替”“帮”の使用に制約を加えているのである。

恩恵の受け渡しを上位概念として見なせば、どういう形で受け渡しを実現するかが下位概念としてとらえられる。介詞フレーズとしての“我给（为、替、帮）你”構造及び“你给（为、替、帮）我”構造は正反対の恩恵の向きを表す構造である。第一人称代名詞をベースにして考えれば、前者は授ける意味を表し、後者は受け取る意味を表すものである。

このように、“给”“为”“替”“帮”は恩恵の向き表す意味・機能を持っていないので、常に人称のサポートを必要としている。これに対して、日本語の「くれる」「〜てくれる」「あげる」「〜てあげる」「もらう」「〜てもらう」には恩恵の向きを表す意味・機能が内在している。さらに中国語の“替”“帮”は恩恵の受け渡し方を細かく描写する意味・機能を持っているのと異なって、上記の日本語の諸形式は恩恵の受け渡し方を細かく描写的に表すのではなく包括的に扱うのである。

ある事象を細かく描写的にとらえるA言語の表出を包括的に述べるB言語に訳す場合、A言語の単語の弁別的意味特徴も視野に入れて対応関係を考えなければならない。具体的に言えば、“我给他买书。”“我为他买书。”は「彼に本を買ってあげる。」のように訳してよいが、“我替他买书。”については「彼に本を買ってあげる。」のように訳してはならない。主役が隠されたという意味特徴が浮かんでこないからである。

日本語の授受表現を中国語に訳す場合も“给”“为”“替”“帮”の役割分担に基づいて考えなければならない。「彼に本を買ってあげる。」は“我给他买书。”“我为他买书。”のように訳してよいが、“我替他买书。”のように訳せば、動きの主体（NP_1）としての“我”が受取人（NP_2）としての“他”に代わって行動を取るという含みを持つようになる。また、“我帮他买书。”のように訳すと、NP_2としての“他”が本来の主役であるという含意を持つようになり、NP_1としての“我”が手助けをする者に過ぎないという含みを持つようになるのである。

齟齬が生じる原因は“给”“为”“替”“帮”の役割分担に求められる。“我给他买书。”は“我为他买书”のように置き換えても意味的に大差はないが、“我替他买书。”“我帮他买书。”のように“替”“帮”で置き換えると、誰が本来の主役なのかという問題が生じ恩恵の受け渡し方が変わるのである。“他给我买书。”“他为我买书。”“他替我买书。”“他帮我买书。”についても同様なことが言える。さらに“我给花浇水。”“我为花浇水。”は自然であるが、“我替花浇水。”“我帮花浇水。”のように言うと非文になる。このことも“给”“为”“替”“帮”の意味に相違点があることの裏付けである。

以上のような事実に基づいて中国語の授受表現と日本語訳について考える場合、まず“给”“为”“替”“帮”の使い分けを究明しておく必要があるように思われる。役割分担に関する分析の結果を踏まえて、はじめて中国語の授受表現の構文的特徴、意味特徴に基づいて、どんな場合にどのように訳すべきかをルール化することが可能になるだろう。以下３節では類義語研究の観点から“给”“为”“替”“帮”の意味・機能を比較し、それぞれの使用条件を浮き彫りにする。

3.　“给”“为”“替”“帮”の役割分担

介詞としての“给”“为”“替”“帮”はいずれも動詞から転成したものであり、意味・機能のバリエーションが広がった結果としてとらえられる。それらの介詞は恩恵の受け手を導く点において類義関係にあるが、それぞれの意味には微妙なずれがある。そのため、それぞれの意味・機能に焦点を絞り、互いにどんな場合に置き換えが可能であり、どんな場合に置き換えが不可能なのかを検証し、役割分担を明らかにする必要がある。

“给”“替”“帮”は“NP_1＋VP（给、替、帮）＋NP_2”のような構造をなせば動詞としてとらえられる。しかし、NP_2の後にさらに動詞が現れ、

“NP_1＋prep（给、替、帮）＋NP_2＋VP＋NP_3”のような構造をなせば介詞として認めなければならない。つまり、“给”“替”“帮”は介詞として機能する場合、“NP_1＋给＋NP_2＋VP＋NP_3”“NP_1＋替＋NP_2＋VP＋NP_3”“NP_1＋帮＋NP_2＋VP＋NP_3”のように常にNP_2の後にVPの生起を求めるが、動詞として機能する場合はNP_2の後にVPの生起を要求しない。“为”は恩恵の受け渡しを表す場合、動詞として機能することはなく、介詞として“NP_1＋为＋NP_2＋VP＋NP_3”のように文を構成するのが普通である。

授受の意味を表す“给”“为”“替”“帮”は行為の主体（NP_1）が恩恵の受け手（NP_2）と物事の受け渡しを行う際に使うもので、類義関係にあるが、その内部に違いがないわけではない。恩恵の受け渡しを表す“给”は動詞として機能する場合、主体(NP_1)の持つものを相手(NP_2)に与えたりするという意味を表し、介詞として機能する場合、物品の受け渡しのみならず、主体が相手のために抽象的な行為を行うという意味も表しうるのである。動詞として機能する場合の“给”は、共起上の制約から“为”“替”“帮”で置き換えて言うことができない。しかし、介詞として機能する場合、介詞の“为”“替”“帮”で置き換えることが可能である。

（1）今晚我要不就住这里，要不你把我送回家，我给（＊为、＊替、＊帮）[1] 你钱！（《扬子晚报》2023年1月23日）（なんなら今晩ここに泊まろうかな。あるいは家まで送ってくれる？お金をあげるから。）[2]

（2）吴倩阿姨还给（＊为、＊替、＊帮）我们路费让我们回来。（《光明日报》2023年2月4日）（吴倩さんは私達が帰れるように交通費までくれた。）

（3）我在意大利给（为、替、帮）你买了一双好皮鞋，但回来想了想，恐怕号码记错了。（《北京青年报》2022年2月9日）（イタリアで

1 以下、不自然な表現には＊をつける。

2 本稿のすべての翻訳は筆者の責任で訳したものである。

君にいい革靴を買ったけれど、帰ってよく考えたらサイズを間違えたかもしれない。)

（4）我问父亲您能给（为、替、帮）我买吗？我父亲说太贵了，不行。（《央视新闻客户端》2021年4月26日）（父に「買ってくれる？」と聞いたが、あまりにも高いからだめだと言われた。)

例（1）（2）における“给”は動詞として認めなければならない。それが動詞として特徴的な動きを表し共起制限を受けるため、“为”“替”“帮”で置き換えることが不可能である。例（1）（2）における“给”の意味・用法に対して、例（3）（4）における“给”はそれに続く NP_2 の後にさらに VP が生起しているので、介詞として認めなければならない。恩恵の受け手を導くという統語機能において“为”“替”“帮”との間に共通点があるので、統語的にそれらの介詞で置き換えても差し支えない。

恩恵の受け手を導く意味・機能を担う介詞の“为”は介詞の“给”と比べて古めかしい感じがするが、統語的にも意味的にも両者の間に多くの共通点が見られる。そのため、介詞としての“给”はほとんどの場合において介詞の“为”で置き換えても意味的にはさほど変わらない。しかし、“替”“帮”で置き換えた場合、それぞれの違いが顕著である。具体的にいえば、“给”を“替”で置き換えた場合は行為の主体(NP_1)が「主要な役目を担う人」から「代役」に変わり、「NP1がNP2の役を代わることによってNP2に恩恵を与える」のように解釈しなければならず、意味のずれが生じてしまうのである。

具体例を用いて説明を付け加えれば、“我给你买了一双好皮鞋。”のような意味関係では NP_1 としての“我”が支払者であり、NP_2 としての“你”が金銭の恩恵を受ける者である。しかし、“我替你买了一双好皮鞋。”のように“替”で置き換えると、NP_1 としての“我”は必ずしも支払者であると限らず、NP_2 としての“你”も必ずしも金銭の恩恵を受ける者になるとは限らない。ただし、受け手（NP_2）としては時間と精力を省くという恩恵を受けるのである。いわば、行為の主体（NP_1）と恩恵の受け手（NP_2）

とのやりとりは金銭的な恩恵から時間や精力の恩恵に変わってしまうのである。さらに“我帮你买了一双好皮鞋。”のような意味関係では、NP_1としての“我”が力を添える者となり、NP_2はNP_1の助力によって肉体的、精神的負担が軽くなるという恩恵を受けるのである。

“给”の辞書的意味について《现代汉语词典》（第７版）では“（介）为。”のように一文字で説明されている。“替”についても当該辞書では“（介）为。”のように一文字で説明されている。また《现代汉语规范词典》（第４版）では“给”の意味について“（介）引进动作行为的受益者，相当于‘为’‘替’。”（動作や行為の受益者を導く。“为”“替”とほぼ同じである）のように説明がなされ、“替”の意味については“（介）引进行为的对象或动作的受益者。”（行為の対象者または動作の受益者を導く）のように説明がなされている。このような説明では当然のことながら“给”と“替”の使い分けが明らかになるはずがない。

互いに関連性を持ち一つのまとまりを形成している介詞の“给”“为”“替”“帮”の意味・機能を考える場合、述部の意味特徴を視野に入れなければならない。そのような介詞が人称を伴い授受関係を表す以上、述部の表す内容が価値のある事がら、相手に恩恵をもたらす事がらでなければならない。そのような意味を持たない表現については別扱いをする必要がある。

（5）虽然不常见面，但是我理解他，不给（为＊、替＊、帮＊）他添麻烦。（《人民网》2015年6月21日）（普段あまり会わないけれど、彼の気持ちをわかっているから、迷惑をかけないようにしている。）

（6）无助、迷茫之际，有人试着给（为、替、帮）公司领导发去一条短信。（《人民网》2017年2月23日）（助けもなく呆然としていると、会社の上司にメールを送ってくれた人がいた。）

いわゆる授受表現になるためには、主体（NP_1）が起こした行動（VP）は受け手（NP_2）の役に立つことでなければならない。例（5）における

“给”は“NP_1＋给＋NP_2＋VP＋NP_3”のような構造をなしているにもかかわらず、主体（NP_1）の起こした行動（VP）は受け手(NP_2)に恩恵をもたらすどころか、かえって受け手（NP_2）が困惑するような事がらなので、意味的には恩恵の受け手を導く“给”との間にずれがあると認めなければならない。

例（5）における“给”はNP_1の行為によって迷惑を受ける被害者を導くものとしてとらえられる。“NP_1给 NP_2添堵”“NP_1给 NP_2丢脸”“NP_1给 NP_2添麻烦”“NP_1给NP_2带来麻烦”“NP_1给NP_2下套”“NP_1给NP_2挖坑”“NP_1给NP_2造成负担”のような構造についても同じように解釈することが可能である。被害者を導く“给”は“替”“帮”で置き換えることできず、“为”で置き換えることもできない。このような現象は介詞の“给”の意味・用法について多角的にとらえる必要があることを意味している。

例（6）では述部の表す行為自体は恩恵を伴わず、必ずしもNP_2の役に立つとは限らないので、文中の“给”は恩恵の受け手を導くのではなく単に行為の向けられる対象を導き出すはたらきをしているのである。そのような意味特徴を有する“NP_1＋给＋NP_2＋VP＋NP_3”構造は授受表現としては認定しがたい。“小王给小李打了一个电话。”のような構造における“给”も単に行為の向けられる対象を導くものとしてとらえられる。

さらにもう一つの事実を見逃してはならない。それは授受表現としての“NP_1＋给＋NP_2＋VP＋NP_3”構造は恩恵の受け渡しを表すため、NP_1のポジションにつくものもNP_2のポジションにつくものも意志性がなければならないということである。そのため、NP_2に位置する名詞や名詞フレーズに意志性が見られない場合の“NP_1＋给＋NP_2＋VP＋NP_3”構造については異なる解釈を施す必要がある。

（7）　工作人员在湖州一处码头通过岸电充电桩给（为、替？、帮？）纯电动船充电。（《人民网》2017 年 2 月 28 日）（スタッフは湖州のある埠頭で充電ポールを使って電動ボートの充電をしている。）

例（7）ではNP_2としての“纯电动船”には意志性が見られない。そのため、恩恵の受け手としては認めがたい。恩恵の受け手が存在しないから、前置の“给”は恩恵の受け手を導き出すものではなく、行為の向けられる対象を表すものとしてとらえた方が適当である。また NP_2 に意志性がない場合の“给”は“为”で置き換えられるが、“替”“帮”で置き換えることができない。“替”“帮”は常に意志性のある受け手(NP_2)を要求し、意志性のない NP_2 を容認しないからであろう。このように、“给”“为”“替”“帮”の意味・用法を考える場合、意志性の有無も重要なポイントになるのである。

恩恵の受け手を導く介詞の“为”も動詞から転成したものと思われる。しかし、受け渡しの意味・用法について言うかぎり、“为”は動詞としての意味・機能を持っていない。先にも述べたように、恩恵の受け手を導く“为”の意味・機能は介詞の“给”とさほど変わらず、やや古めかしい感じがするものである。そのため、恩恵の受け手を導く介詞の“为”は殆どの場合において“给”で置き換えられる。また話し手が「NP_1 が NP_2 の役を代わる」という認識を持っていれば“替”で置き換えられ、「NP_1 が NP_2 に助力する」という認識であれば“帮”で置き換えられる。ただし、“提供”のような、それ自体に恩恵の受け渡しを含意する動詞が VP として機能する場合は“替”“帮”が排除される。

（8）她为（给、替、帮）我准备了营养心脏的药物，还怕我吃不上蔬菜，特地给我带上了膳食纤维素。（《光明日报》2020年4月1日）（彼女は心臓の薬を用意してくれた。野菜が足りないと心配して食用セルロースも持たせてくれた。）

（9）感谢社区一直为（给、替、帮、）我送米、送面、送油、送蔬菜还要送肉。（《光明日报》2022 年 12 月 3 日）（お米、小麦粉、油、野菜、肉を一貫して送り続けてくれた町内会に感謝している。）

（10）公安机关为（给、替？、帮？）我们提供上门办证、送证等服务。（《人民日报》2022 年 11 月 27 日）（警察官が家まで来て証明書の手続きをしたり証明書を届けてくれたりしている。）

例（8）（9）における“为”は介詞の“给”で置き換えても意味的にはさほど変わらない。しかし、介詞の“替”“帮”で置き換えれば、構文的に容認されるものの、文の意味については異なる解釈を施さなければならない。いわば、“替”で置き換えれば、行為の主体(NP_1)が恩恵の受け手(NP_2)の代わりにある行動をとるという意味解釈になり、“帮”で置き換えれば、NP_1の表す主体が恩恵の受け手(NP_2)に力を貸すという意味解釈になるのである。このように、“给”“为”を“替”“帮”で置き換えると、含み隠された内容が変わるのである。また例（10）に示すように、VPの位置に“提供”のような動詞が生起している場合、“替”“帮”が容認されない。

恩恵の受け手を導き出すという意味・機能を備え持つことは授受表現としての“给”“为”“替”“帮”の共通点である。介詞の“给”“为”“替”“帮”は相互に関連性を持ち類義関係にあるため、あまり意味・機能のずれを意識せずに使うことが多いようだが、文法的意味に基づいて考えれば、“替”の意味が“给”“为”と比べて“帮”に近いように思われる。動詞としての“替”は共起上の制約から“给”“为”で置き換えることができない。しかし、介詞として機能する場合はそのような縛りを受けない。今度は“替”“帮”の意味・用法をベースにして“给”“为”との共通点や相違点を検証する。

（11）你歇一会儿吧，我来替（给＊、为＊、帮）你。(《人民网》2011年8月17日)（ちょっと休んでね。代わってやるから。）

（12）见到柴荣的时候，他觉着这个人有些软弱，出于同情之心，帮（给＊、为＊、替）了他一把。(《人民网》2017年2月23日)（彼は柴荣に会った時、少し弱気な人だと感じ、同情の気持ちから助けてやった。）

（13）她替（给、为、帮）我擦拭满头的汗水，然后抱紧我，问我：“爸爸，我抱着你，你好点儿了吗？”(《光明日报》2018年5月4日)（娘が汗でびしょ濡れの頭を拭いてくれた。しっかりと私を抱いて「父さん、抱いているからね。よくなってきた？」と聞いてくれた。）

（14）静静阿姨经常来陪我，一开始她帮（给、为、替）我整理房间，后来就教会我自己动手。（《人民日报》2021 年 6 月 8 日）（静静お姐ちゃんはよく付き添ってくれた。最初は部屋を片付けてくれたが、その後は自分でもできるように教えてくれた。）

（15）快上来啊，在河里很危险的，有什么想不开的事我们帮（给、为、替）你解决！（《光明网》2021 年 8 月 24 日）（速く上がってきなさい。川の中は危ないよ。悩みがあれば、解決してあげるから。）

例（11）に示すように、動詞として機能する場合の“替”は“给”“为”で置き換えることができないが、“帮”で置き換えることが可能である。これも“替”の意味・機能が“给”“为”と比べて“帮”に近いという見解の裏付けとなる。ただし、“替”を“帮”で置き換えた場合は意味的にはNP_1としての“我”がNP_2としての“你”のために力を添えるという意味になり、主体(NP_1)の役目が「代役」から「助力者」に変わるのである。

また、例（15）に示すように、“NP_1＋帮＋NP_2＋VP＋NP_3”構造におけるNP_3は文の成立に必須の項目ではなく、介詞の作用域（scope）は後続のNP_2と VP にまで及ぶのが普通である。“NP_1＋给＋NP_2＋VP＋NP_3”“NP_1＋为＋NP_2＋VP＋NP_3”“NP_1＋替＋NP_2＋VP＋NP_3”のような構造についても同様なことが言える。例（14）（15）における“帮”は“给”“为”“替”で置き換えられる。ただし、“给”“为”で置き換えれば主体が「協力者」であるという意味が消えてしまい、また“替”に置き換えると、主体(NP_1)の役目が「助力者」から「代役」に変わるのである。

恩恵の受け手を導く介詞の“为”は基本的には介詞の“给”で置き換えることが可能である。しかし、例（16）（17）における“为”は“给”で置き換えることができない。“帮”で置き換えることも不可能である。そのような“为”の意味・用法については異なる解釈が必要である。

（16）父母为（给＊、替、帮＊）我牺牲了一切。（《人民网》2015 年 7 月 29 日）（両親は私のために全てを犠牲にした。）

（17）这么多年来，她为（给＊、替、帮＊）我付出了太多，我想给她一个惊喜。（《光明网》2020 年 4 月 16 日）（長年来、彼女は私のために多大な犠牲を払ってくれた。彼女にサプライズプレゼントをしたいと考えている。）

目的や原因・理由を導くことは介詞の“为”の基本的な意味・用法である。“为我牺牲”“为我付出”のような構造における“我”については“牺牲”“付出”という事態を引き起こす原因として解釈できないことはない。しかし、“给”“帮”“替”は原因・理由を導く意味・機能を持っていない。原因・理由を表さないことが“给”“帮”の排除される原因であろう。

例（16）（17）のような文において“替”が許容されるのは NP_1 が代役として解釈されうるからである。さらに NP_2 の後の述語が心理的な動きを表す場合の“为”も“给”“帮”で置き換えることができない。しかし、NP_1 が本来の主役(NP_2)のかわりに遂行するという文脈であれば介詞の“替”も容認される。

（18）请大家不必为（给＊、替、帮＊）我担心，这里有很多像我这样的医生护士。（《人民日报客户端》2020 年 2 月 18 日）（皆さん、心配する必要はありません。ここには私のような医療従事者がたくさんいるから。）

（19）我出院的时候，他们真心为（给＊、替、帮＊）我高兴，觉得我治愈了是一个天大的好消息。（《新华网》2020 年 2 月 5 日）（退院の時、彼らはほんとうに喜んでくれた。心から私の回復が何よりだと思っているのだ。）

例（18）(19)における“为”は心理的動きの原因を導き出すものとしてとらえられる。“NP_1 为 NP_2 担忧”“NP_1 为 NP_2 焦虑”“NP_1 为 NP_2 难过”“NP_1 为 NP_2 感到自豪”“NP_1 为 NP_2 骄傲”“NP_1 为 NP_2 开心”のような構造における NP_2 も心理的動きの原因・理由を表すものとしてもとらえられる。そのような意味・用法の“为”は“给”“帮”で置き換えることが不可能である。ただし、“替”で置き換えた場合は主体(NP_1)が代役となるのである。

4.　“给”“为”“替”“帮”の日本語訳について

ひと言授受表現と言っても、受け渡し行為をどのようにとらえるかによって、表現のパターンが変わる。中国語の“给”“为”“替”“帮”及び日本語の「くれる」「やる」「もらう」はそれぞれ一つの意味の場を形成している。“给”“为”“替”“帮”といった授受表現と日本語の「くれる」「やる」「もらう」との対応・非対応関係を論証することは中国語母語話者と日本語母語話者の心において「与える」ことと「受け取る」ことがどのように表象されているかを解明することでもある。

第2節で述べたように、介詞の“给”“为”“替”“帮”と人称が互いに作用しあって、はじめて「与える」ことと「受け取る」ことを明確に表出できるのである。つまり、“给”“为”“替”“帮”自体には恩恵の向きを明確に示す機能がなく、人称代名詞、または個人や団体の名前を表す名詞と協働して、はじめて恩恵の向きが明示されるのである。

動詞として機能する“给”には人称の概念が含まれないので、文脈を離れて語義区分をする場合、理論的には日本語の「くれる」「あげる」「もらう」のどれにも対応する。しかし、その前後に人称が現れると、恩恵の向きが明らかになる。そのため、日本語に訳す場合、“给”の前後にどういう人称が現れているかが重要なバロメーターとなるのである。

（20）今晚我要不就住这里，要不你把我送回家，我给你钱！（例（1）を再掲）（なんなら今晩ここに泊まろうかな。あるいは家まで送ってくれる？お金をあげるから。）

（21）这可是我家祖上代代相传下来的好东西，也是我妈给未来儿媳妇准备的传家宝。（《扬子晚报》2020 年 9 月 9 日）（これは先祖から代々受け継いだものです。母親が未来の嫁のために用意しておいた家伝の宝でもあります。）

（22）我是为了快乐才去做的，你给我钱我就不快乐了。（《澎湃新闻》2022 年 5 月 6 日）（楽しいからやっている。お金をもらったら面白くなくなる。）

（23）太阳比较毒，警察当时找了纸壳给我妈遮阳，防止中暑。（《光明网》2022 年 7 月 3 日）（そのとき日差しがかなり強かった。警察官は母が熱中症にならないように、段ボールを持ってきてくれた。）

例（20）（22）における“给”は動詞であり、例（21）（23）における“给”は介詞である。一人称代名詞、または話し手の身内が主語(NP_1)となり、二人称代名詞、または相対的に関係が薄い第三者が NP_2 として“给”に後続している場合の“给”は「あげる」「～てあげる」に訳すのが普通であるが、例（21）に示すように、「ために」で訳すことも可能である。

また、例（22）（23）に示すように、二人称代名詞、または相対的に関係が薄い第三者が主語(NP_1)となり、一人称代名詞、または近い関係にある人が NP_2 として“给”に後続していれば、「くれる」「～てくれる」に訳すのが普通である。ただし、文中の主体と恩恵の受け手が話し手も聞き手も関わりのない第三者である場合は、着目点の違いによって「くれる」「あげる」「もらう」のいずれも可能である。

（24）每一首专属小诗，都是老师给每一个孩子专属的爱。（《光明网》2022 年 7 月 5 日）（一つ一つの詩は先生が一人一人の子供にあげた愛でもある。）

（25）翻山越岭时，一位朋友给了她一双拖鞋，才让她免受脚上的痛楚。（《重庆晨报》2022 年 9 月 8 日）（山を越えるとき、友人が彼女にスリッパをくれた。それがあって足の苦痛を免れた。）

（26）今天是国际残疾人日，请给他们多一些关爱和帮助。（《央视新闻客户端》2021 年 12 月 3 日）（今日は国際障がい者デーです。障がい者にもっとたくさん配慮し力を貸しましょう。）

例（24）（25）（26）の“给”を日本語に訳す場合、話し手（書き手）と文中の主体、文中の受け手との親疎関係に基づいて考えなければならない。話し手（書き手）がNP_1としての主体に近いという認識であれば、「あげる」が適切であり、受け手に近いという認識であれば「くれる」が適切であろう。言い換えれば、NP_2としての恩恵の受け手が話し手に近いという認識であれば「くれる」が適切であり、関係の薄い第三者であるという判断であれば「あげる」で訳しても差し支えない。ただし、例（26）に示すように、“给关爱”“给帮助”のような構造については必ずしもやりもらい表現で訳さなければならないことはない。

さらにもう一つの事実を見逃してはならない。それは例(24)（25）における“老师给每一个孩子”“朋友给了她”は恩恵の受け手（NP_2）を文の主語(NP_1)に換えて「先生にもらった」「友人からもらった」のように「もらう」を用いて訳しても実質的意味が変わらないということである。主体も受け手も関わりのない第三者である場合の“给”“为”“替”“帮”はNP_2（受け手）をNP_1（主語）に換えれば「もらう」「～てもらう」で対応することが可能である。

（27）她只能听懂我的一点点汉语，人很爽朗，我为她和儿媳妇照了一张合照。(《光明日报》2018 年 81 月 19 日）（彼女はちょっとした中国語しかわからない。朗らかな人で嫁さんとの写真を撮ってあげた。）

（28）看我腿脚不便，没有收我的钱，他们替我垫了钱。(《汴梁晚报》2020 年 5 月 25 日）（彼らは私の足腰が不便と見て代金を受け取らず立て替えてくれた。）

（29）有一次，她帮哥哥洗衣服时，发现衣服兜里有一张纸条。(《光明网》2022 年 5 月 8 日）（彼女がお兄さんの服を洗ってあげたとき、ポケットに書付けが入っていることに気づいた。）

人称を介詞と結びつけて考えれば、介詞の“给”“为”“替”“帮”が一人称を導き出していれば、「～てくれる」の意味にあたり、二人称を導き出していれば、「～てあげる」の意味にあたる。与格(NP_2)を主格(NP_1)に換えて訳す場合は「～てもらう」を使っても意味的には大差がない。ただし、NP_1 も NP_2 も話し手（書き手）と関わりのない第三者である場合は認識のスタンス(epistemic stance)いう語用的条件も絡んでくる。つまり、恩恵の受け手（NP_2）が発話者に近いという認識に立っていれば、「～てくれる」で訳すべく、恩恵を与える主体（NP_1）が発話者に近いという認識に立っていれば「～てあげる」で訳すべきだろう。

しかし同様な構文的条件における“替”“帮”については、異なる扱いをしなければならない。“替”は NP_1 が NP_2 に代わって行動を取るという意味・機能を持っているので、日本語に訳す場合、「代わりに」「～に代わって」のようなものを用いて何らかの意味的限定を加える必要がある。一方、“帮”には NP_1 が NP_2 に力添えをするという意味・機能を有しているので、日本語に訳す場合、「～てくれる」「～てあげる」のほかに動詞の「手伝う」を入れなければならない場合がある。

やりもらいを表す“给”“为”“替”“帮”は人称のサポートがあって、はじめて恩恵の向きが明らかになる。これに対して、日本語の「くれる」「～てくれる」、「あげる」「～てあげる」、さらに「もらう」「～てもらう」は人称という概念を含み持っているので、述部を見れば恩恵を与える主体や恩恵の受け手を判別することができる。むしろ人称代名詞がないほうが自然であることが多い。例えば中国語の“你能帮我寄封信吗？”は日本語で表現すれば、「手紙を出してきてくれる？」のように言うのが普通であろう。

角度を変えて日本語の授受表現をベースにして対応・非対応関係を考えても、日本語ではやりもらい表現が用いられているにもかかわらず、中国語に訳す場合、“给”“为”“替”“帮”のどれも使えないことがある。

（30）幹部は小林さんの体調を気遣い、いったん休暇をとるようすすめてくれた。(『朝日新聞』2023 年 1 月 21 日)（领导担心小林的身体，劝他暂且休息几天。）

（31）石川さんが引っ張ってくれて、心強かった。(asahi.com2018 年

5月6日）（因为有石川的引领，所以心中不慌。）

（32）先月、フェルーキ議長は、広島・長崎を訪ねてくださいました。（asahi.com2015年5月2日）（上个月菲尔基议长访问了广岛和长崎。）

（33）子供の頃、私たち姉妹をとても可愛がってくれた一家があった。（『朝日新聞』2017年10月7日）（小时候有一家人非常喜欢我们兄妹。）

（34）今年は適度に雨が降ってくれたおかげで、甘みが強く品質も上々の出来栄えです。（asahi.com2020年9月16日）（今年雨量适度，所以作物味甘，品质上乘。）

「勧める」「引っ張る」「訪ねる」「可愛がる」といった行為は相手にとって恩恵をもたらすことであり、「雨が降る」という動きも人に恩恵をもたらすことである。当然のことながら、それらの表現にあたる中国語の“劝”“引领”“访问”“疼爱”“下雨”も恩恵をもたらすことである。この点においては両者の間に共通点が見られる。だが、恩恵の向きの表出については両者間の相違点も顕著である。

日本語の場合は主語と動詞だけを頼りにしても恩恵の向きが判明できないので、補助動詞の「〜てくれる」「〜てあげる」「〜てもらう」の補いを必要とし、それによって恩恵の向きが明らかになる。一方、中国語の“劝”“引领”“访问”“疼爱”は、その前後に人称が現れれば、恩恵の向きが自明になるので、介詞の補いを必要としない。“下雨”の主体は意志性がないので、比喩表現を除いて基本的には“给”“为”“替”“帮”と意味関係を結ぶことがない。これが例（30）（31）（32）（33）（34）の授受表現は“给”“为”“替”“帮”で訳せないことの原因であろう。

さらに述語が心理的な動きを表す場合の日本語の授受表現は“为”だけで訳せるが、“给”“替”“帮”で訳せば非文になるという現象を見逃してはならない。

(35) 伯母はあんなふうに心配してくれていますが、私は伯母が考えているほど不幸ではなかったのです。（現代日本語書き言葉均衡コーパス少納言）（伯母为我担心，但我并不像伯母想得那么不幸。）

（36）看護婦さんや掃除のおばちゃんも一緒に喜んでくれました。（現代日本語書き言葉均衡コーパス少納言）（护士以及扫卫生的大妈都为我高兴。）

「心配する」こと、「喜ぶ」ことは心理的な動き、または精神の状態としてとらえられる。そのような心理的動きの向けられる対象は恩恵の受け手であると同時に、そのような精神状態を引き起こす原因にもなるのである。“给”“替”“帮”は原因・理由を表す意味・機能を持たないのと異なって、“为”は恩恵の受け手を導くと同時に、原因・理由を導くことも重要な意味・機能の一つである。これが例（35）（36）の日本語表現を中国語に訳す場合“为”だけは容認され“给”“替”“帮”が排除される原因であろう。

5.　おわりに

動詞として機能する場合の“给”はNP_1とNP_2の人称によって「くれる」にも「あげる」にも対応するが、恩恵の受け手(NP_2)を主語(NP_1)のポジションに据えて言う場合は「もらう」で訳すことも可能である。動詞として機能する場合の“替”“帮”は「くれる」「あげる」「もらう」の意味と対応しないので、日本語に訳す場合、ほかの動詞を用いなければならない。

一方、介詞としての“给”“为”“替”“帮”はともに恩恵の受け手を導くという意味・用法を有し、その前後に現れる人称によって基本的には「～てくれる」「～てあげる」で訳してよい。場合によっては与格(NP_2)を主格(NP_1)に換えて「～てもらう」で訳してもかまわない。ただし、介詞の“替”“帮”はそれぞれ「代役」「助力者」を含意しているので、日本語に訳す場合は「代役」「助力者」を含意する表現を付け加える必要がある。

“给”“为”“替”“帮”には人称の概念が含まれていないので、それだけでは恩恵の向きが判明できず人称のサポートが必要である。そのような意味特徴に対して、日本語の「くれる」「〜てくれる」「あげる」「〜てあげる」「もらう」「〜てもらう」には恩恵の向きという概念が含まれているので、恩恵を与える主体や恩恵の受け手が判明しやすい。そのため、“给”“为”“替”“帮”を日本語に訳す場合、その前後にどういう人称が現れているかが重要なバロメーターである。

参考文献

徐昌华　(1982)〈浅谈日语与汉语中授受动词的对应关系〉,《日语学习与研究》第 2 期，pp. 16-23.

寺村秀夫(1982)『日本語のシンタクスと意味 I』くろしお出版

傅雨贤、周小兵等(1997)《现代汉语介词研究》中山大学出版社

陈春信　(2001)　《介词运用的隐现问题》河南大学出版社

陈昌来　(2002)　《介词与介引功能》安徽教育出版社

森田良行(2002)『日本語文法の発想』ひつじ書房

徐德宽　(2004)　《现代汉语双宾语构造研究》上海辞书出版社

門和沙日那(2006)「日中対照研究　授受表現」，昭和女子大学大学院『言語教育・コミュニケーション研究』第 1 巻，pp. 53-56.

中国社会科学院语言研究所编辑室(2016)《现代汉语词典》(第 7 版)商务印书馆

陈昌来　(2017)　《汉语“介词框架”研究》商务印书馆

方清明　(2017)　《现代汉语介词用法词典》商务印书馆

李行健主编(2022)《现代汉语规范词典》(第 3 版)外语教学与研究出版社

やりもらい表現に関する一考察
—中国語との比較—
A Study on the Giving and Receiving Expression
—A Comparison with Chinese—

譚　昕
TAN　Xin

提要　本文以日语授受表达句式为对象，重点围绕「（て）もらう=いただく」，通过分析BCCWJ的例句以及日语教学中的实例，力求结合汉语句式结构对比，考察分析日语及汉语句式中结构与助词的差异，重点从主语、使役重叠等层面展开，形成若干微观层面的观点结论，试图拓展汉日对比研究的空间，亦为日语授受句式教学提供参考依据。

キーワード：やりもらい表現　主語　文の転換　重複型　使役

1.　はじめに

「もの」や「行為」の「与える」ことと「受ける」こと、この両者のやりとり関係を表す表現は、どんな言語にも存在するものであるが、日本語には特に豊かなやりもらい表現がある。寺村(1982)ではやりもらいについて、「働きかけ・対面・移動」の関係が融合しているものであると述べ、やりもらい動詞を「与える」類、「受ける」類、「やる、もらう、くれる」類、「命じる」類の 4 つに分類し、そのうちの「やる、もらう、くれる」類は特別であり、「やる＝あげる＝さしあげる、もらう＝いただく、くれる＝くださる」のように、個々の敬語動詞をもつと説明している。従って、日本語のやりもらい動詞は通常この 3 種類 7 語[1]を指す。一方、7 語のやりもらい動詞をもつ日本語に比べると、英語なら‘give’と‘receive’の 2 つであり、中国語なら主に“给” 1 つ[2]で大半対応できると考えられる。故に、日本語のやりもらい表現はより複雑で難しいわけである。

また、上述の 7 つのやりもらい動詞は、動詞として使用されるだけでなく、やりもらい構文の補助動詞としても使用される。即ち、「〜てやる」「〜てあげる」「〜てさしあげる」「〜てもらう」「〜ていただく」「〜てくれる」「〜てくださる」の 7 つの補助動詞も加えられる。やりもらい構文の構文構造(形式)は変わっても、互いのやりもらい関係は変わらないものである。しかしそれは、言うまでもなく、日本語学習者にとっては、いっそう困惑するわけでもある。

筆者は教壇に立つ日本語教師として、中国の日本語教育現場において、「先生は私のメールをいただきましたか」や「皆様に日本の歌を歌ってさし上げます」のような誤りをしばしば目にする。堀口(1983)で指摘されているような、日本語のやりもらい表現はほとんどの初級教科書で多かれ少なかれ取り上げられているが、必ずと言ってよいほどぶつかる難関の一つであることを切実に感じている。そこで、本稿はやりもらい表現に関する基礎研究の一環として、中国語母語話者の視点から、日本語と中国語との対照研究を通して、中国語で見られない日本語のやりもらい表現における構文上[3]の特徴をより浮き立たせ、より明確な形で捉えたいと考えている。具体的には、『少納言. KOTONOHA「現代日本語書き言葉均衡コーパス」』

---

1 広義のやりもらい動詞(奥津 1984a)として、「やる、もらう、くれる」類の 7 語の他に、「貸す、借りる、教える、教わる、与える、受け取る」等も含まれる。

2 中国語の“给”は給与動詞(与えることを意味する動詞)として、日本語の「くださる・くれる・さし上げる・あげる・やる」の 5 つに対応する。他に、取得動詞(受けることを意味する動詞)として“要、受(到)、拿(到)、得(到)、收(到)”等もある（奥津 1984b:9, 11)。

3 構文レベルだけでなく、テキストとの関係も考察すべきではあるが、紙幅の都合上、また筆者の力不足のため、今後の課題としたい。

[4]から抽出した例文に加え、中国語母語話者の学習者が使用した実例[5]も用いて、主に「(て)もらう=いただく」を中心に、先行研究を踏まえた上で日本語と中国語との比較を通じて考察を行う。なお、本稿はやりもらい表現の構文的特徴(構造)を意味的特徴と結合させ、総合的、体系的に考察する立場に立つものではなく、あくまでも構文的特徴に焦点を当てて考察を行うが、両者が全く無関係というわけでもなく、相互に関連するものであると理解する視点から、とりわけ構文形式上の「やりもらいの重複型」および「使役との組合せ型」では、恩恵性・受益性を抜きにして構文的特徴を捉えることができないとの立場から考察を進めていきたい。

2.　先行研究

ここではまず研究の土台となる先行研究を整理してみる。日本語のやりもらい表現に関して、従来数多くの先行研究によって論及されてきたが、本稿と同じく日中対照分析を行ったものを中心に概観する。

奥津・徐(1982)は、「〜てもらう」とそれに対応する中国語(“请”を中心)について分析した結果、使役文である場合に「〜てもらう」と“请”は対応していることと、“请”は主語への制限がないのに対し、「〜てもらう」の主語は身内でなければならないため、“请”の主語が身内である場合のみ「〜てもらう」と訳すことができる、と結論付けた。

門和(2006)では、日本語のやりもらい動詞「やる・あげる・くれる」に対応する中国語は“给”があり、「もらう」に対応する中国語は“给・请・让・得到”等があると説明し、また日本語のやりもらい表現は利益・恩恵と見なして表現するものであるのに対し、中国語のやりもらい表現は客観的に表現するのが一般的であると述べられた。

4　以下、BCCWJと略す。本稿で出典を明示していない例文は全部BCCWJからの引用となる。

5　教育現場における中国人学習者のやりもらい表現の使用実態および誤りが生じた要因については、本稿では紙幅の都合上詳しく論じず、また別の機会に検討を行いたい。

楊(2008)では、日中両言語やりもらい構文の体系上の相違について分析し、日本語補助動詞の機能化と中国語の“给”の機能化には同じところが見られるものの、機能化の度合いや具体的な現れに明らかな差異が存在すると指摘されている。

佐々木(2013)は、日本語でやりもらい表現が必要とされる場合があるのに対して、中国語ではそのような制約がないことを指摘した。例えば、中国語“他送我一本书”[6)]に対応する和訳について、「彼は私に本をプレゼントした」のような直訳は不適格であり、「彼は私に本をプレゼントしてくれた」(視点の制約により、強引にプレゼントを買わせたという意味で「私は彼に本をプレゼントしてもらった」も可能)といったやりもらい表現の使用が必要となる。

以上概観してきた諸研究はいずれも本稿に役立つものだが、その多くは理論上の事実分析に比重を置いたものでもあると言えよう。本稿は、日中両言語やりもらい構文上のズレを明らかにし、日本語やりもらい構文上の特徴をより明確な形で捉えるために、BCCWJ のデータの他に、教育現場で出会った実例も適宜に加えて、「(て)もらう=いただく」を中心に、主に「主語と文の転換」「やりもらいの重複型と使役」という角度から、日本語原文の構文構造と中国語訳文の構文構造に対して考察を行う。

3. 主語と文の転換

3.1 主語の位置と人称

前述のように、日本語のやりもらい動詞は 7 つがあり、敬意の度合いによる差異があるだけでなく、恩恵の受け手または与え手としての主語による人称制限もある。主語が恩恵の与え手である場合、「くださる」は尊敬語と見なされ、主語が恩恵の受け手である場合、「いただく」は謙譲語と見なされる。いずれも恩恵の受け手は一人称であるが、両者最大の違いは

6 佐々木(2013):62 より引用した。

主語が異なることである。また、たとえ敬意の度合いが下がっても、「くれる」と「もらう」のいずれかに変わるだけで人称は変わらない。このような主語による違いは、例(1a. b.)と例(2a. b.)が示すように、中国語母語話者の学習者にとって比較的に理解しやすい。

しかし、人称の位置が変わることによって、構文構造は主述語構造から連体修飾構造に変わってしまうため、日中両言語における構文上の違いが生じるわけである。日本語では、やりもらい表現に制約があるため、人称とやりもらい関係について解釈ができ、文の転換による意味への制約も限定的である。一方の中国語では、構文の意味が構文構造から強く影響を受けている言語であるため、中国語母語話者の日本語学習者がやりもらい構文における人称制約を意識せず、構文の形式から日本語の意味を分析すると考えがちであり、理解の誤りが生じるわけである。

(1)　a. 塚本さんがお誘いの電話をくれた。
　　　冢本来电话邀我参加。
　　b. 姉は旅先から、私たちに絵はがきをくださった。
　　　姐姐从旅途中给我们寄了明信片。

(2)　a. 彼女からもらったサマーセーターを着ています。
　　　我穿着她给我的夏季毛衣。
　　b. 伯父様にいただいた手紙がとっても嬉しかった。
　　　收到伯父寄来的信，我感到非常高兴。

例(1)例(2)の日本語原文と中国語対訳文[7)]を見てみよう。例(1a. b.)日本語原文に使用されている同じやりもらい動詞系列である「くれた」と「くださった」の対訳として、それぞれ“来”と“给”になっており、例(2a. b.)日本語原文に使用されている同じやりもらい動詞系列である「もらった」と「いただいた」の対訳として、それぞれ“给”と“寄来”にな

7 本稿で使用する例文の訳文について、出典を明示していないものは筆者が訳したものである。

っている。つまり、構文形式上における両言語の相互対応性は見られないことが分かる。これは主に中国語のやりもらい制約の欠如によるものであると考えられる。また、中国語の訳文も異なる表現を使用することが可能である。例(1b)は、“姐姐旅途中寄了明信片给我们”とも訳すことができ、例(2a)も“我穿着她送的夏季毛衣”に訳すことができる。ところが、中国語の訳文を再度日本語に訳すと、やりもらい表現を使用しなくても可能なのである。例えば、例(1b)は「姉は旅先から、私たちに絵はがきを送ってきた」、例(2a)は「彼女から贈られたサマーセーターを着ています」に訳すこともできる。これは、日本語と中国語の構文構造における大きな違いである。即ち、日本語に比べて中国語はやりもらい関係が欠如しているため、意味上では同じであるものの、ニュアンス(表現)上では両言語の対応関係にズレが生じることになると言えよう。

一方、例(1)の主語は一人称ではない。例(1a)と例(1b)の違いは、主語に対する敬意の度合いでは例(1a)が例(1b)ほど強くないことである。両者の共通点は、主語は基本的に省略できないことである。なぜなら、情報量が不足する恐れがあるためである。対して、下述の例(3)は、主語移動の文であるが、「あの人」が意味上で「くれた」の動作主(主語)であることは変わらない。この特徴は、訳文の通り、中国語も同様にもつ。また、例(1b)の「私たちに」はなくても情報量への影響は全くないことと対照に、中国語では通常“给我们”が必要である。“给我们”がないと、家族や友人など、“我”と密接な関係にある人だと理解することもできてしまう。例(1)と比べて、例(2)の日本語の主語は一人称であり、通常省略できる。なぜなら、やりもらい動詞は人称と密接な関係があるため、特に一人称が省略されても、構文意味の理解には影響がないからである。しかし、主語が三人称の場合だと、例(4)のように具体的な人称を示さないといけない。

(3)　指輪をくれたあの人に、言っておきたい事がある。
　　我有件事要告诉给我戒指的那个人。

(4)　彼女はヴェロニカから電話をもらったばかりだった。

她刚接到维罗妮卡的电话。

3.2　文の転換

教育現場で日本語を中国語に訳してもらう練習問題の回答結果からは、両言語の構文構造の不一致による中国人学習者の誤りがしばしば見られる。例えば、「ご忠告をいただいた山田さんに感謝いたします」を“対得到忠告的山田表示感谢”と訳す学習者がいる。動詞句「ご忠告をいただいた」は、「山田さん」の連体修飾語として使われているため、「忠告をもらったのは山田さん」と理解しており、日本語のやりもらい動詞に対する誤認識によるものだと考えられる。やりもらい動詞「いただく」の主語は一人称のみである。次の例(5)が示すように、動詞句「祝辞をいただいた方々」は、つまり構文「～方々から祝辞をいただいた」からの転換であり、“(我)得到各位致贺词”という意味を表している。しかし、中国語話者の日本語学習者は、例(5)のような構文から名詞句に転換されたやりもらい表現について、人称制約を意識しないまま単なる構文形式から見てしまい、「祝辞をいただいた方々」を中国語の“得到贺词的各位”と誤解しがちなのだ。

（5）入学式の挙行に対するお礼と列席者、祝辞をいただいた方々へのお礼の言葉を述べましょう。

対举行开学典礼表示感谢，向在座贵宾与致贺词的各位表示感谢!

（6）各位给予（我们）指导＝方々は（私達に）ご指導を下さった

↓　　　　(動詞述語文)

（7）给予（我们）指导的各位＝（私達に）ご指導を下さった方々

(動目構造+名詞)

（8）我们得到各位的指导＝私達は方々からご指導をいただいた

↓　　　　(動詞述語文)

（9）给予我们指导的各位＝ご指導をいただいた方々

(動目構造+名詞)

続いて例(6)～例(9)を見てみよう。例(7)は構文例(6)から転換された名詞句になっており、例(9)は構文例(8)から転換された名詞句である。それぞれの中国語と日本語対訳文から分かるように、例(6)-(8)における日本語の構文的特徴は中国語の構文的特徴と一致している。即ち、例(6)(7)の中国語にある“各位”は“给予”の主語で、日本語にある「方々」はやりもらい動詞「下さった」の主語である。例(8)の中国語“我们”は“得到”の主語で、日本語の「私たち」はやりもらい動詞「いただいた」の主語となっている。しかし、例(9)における日本語の構文的特徴は中国語の構文的特徴とは一致しない。即ち、「方々」はやりもらい動詞「いただいた」の主語ではない。意味上の主語である「私達」は現れていないものの、日本語においては情報が不十分になることは全くない。このことから「～てもらう／いただく」構文は、「～てくれる／くださる」構文に比べてより複雑であるのが分かる。

したがって、例(9)は実際の主語がなく、“我们”は主語(「私達」)にならず、また例(7)のように補語(「私達に」)として使用することもできない。このように、構文の転換を通して比較分析すると、日中両言語の構文構造が一致するか否かは、中国人学習者の習得に対して制約を生じさせることが分かる。従来の日中対照研究では、そのほとんどが「私はこの間助けていただいたツルでございます(我是前些天您救起的那只鹤)」[8]のように、「～いただいた」の主語には「私」と「ツル」が含まれており、即ち、「私はツルでこの間助けていただいた」である。このような構文は中国語の構文構造と一致しているため、中国人学習者にとって理解しやすいものなのだ。一方の例(5)は、文の転換であるため、中国語に直接翻訳することはできない。つまり、やりもらい動詞と修飾される要素とは、動詞と動作主(主語)の関係にならない。これは日本語と中国語のやりもらい構文構造が一致していない明らかな特徴なのである。

8　黄・孟(1998:92-95)からの引用例である。

文の転換による影響を検証するために、中国人学習者に“对指导我论文的老师表示感谢”という文を日本語に翻訳してもらった。その結果、ほとんどが「私の論文を指導してくださった先生に感謝いたします」となり、「論文を指導していただいた先生に感謝いたします」という回答は一つもなかった。稀に「〜ていただく」構文を使用する例が出ても、「先生に私の論文を指導していただいたので、感謝いたします」（“老师指导我论文，因此感谢老师”）のように、中国語対訳の構文構造と一致するものになっている。それは、「〜てもらう」と「〜てくれる」構文は、主語および補語の位置が異なっても、連体修飾語に修飾される場合では両者の違いが全くないことと説明でき、日本語と中国語の構文構造における違いの一つであると言えよう。

4.　重複型[9]と使役

4.1　やりもらいの重複型

やりもらいの重複型は、中国語母語話者の学習者にとって上級者になってもなかなか習得できない構文の一つとされている。佐治(1992)は、日本語の一番困難な点は「〜させていただいてください」のような敬語とやりもらいの組合せで、なかなか習得できないと北京大学日本語学科出身の女性通訳者の経験談を取り上げて説明した。

重複する現象は日本語では比較的によく見られる。例えば、「彼はそうさせ（使役）られ（受身）ない（否定）だろう（推量））」は典型的な例である。このような重複現象は、「〜やってあげてください」が示すように、異なるやりもらい補助動詞が重ねて使用され、やりもらい表現にもよく見られるものである。やりもらい表現は恩恵に関係しているため、その重複型は必然的により複雑に絡み合い、学習者を困惑させるわけである。人称

9　「やってあげてください」のようにやりもらい補助動詞が複数組み合わさり、異なる対象への恩恵のやりとりを表すやりもらい表現がある。このような表現について定められた用語がないため、本稿では、やりもらいの「重複型」と呼ぶ。

によって異なるやりもらい動詞が対応できる単独型に比べて、重複型は直接対応することができない。

例えば、ツアー出発の前に、ガイドに待ってもらう場面を想像してみよう。その際に、“我妹妹还没到，请稍等”の意を表すと、恩恵の受け手は話し手側であるので、「妹がまだですから、ちょっと待ってください」となる。もし、“小李还没到，请稍等”の意を表すなら、「李さんがまだですから、ちょっと待ってあげてください」という構文となる。つまり、重複型「あげてください」は相手の立場に立って、第三者に恩恵をもたらす意味合いを表す。下記の例(10)も同様である。このようなやりもらい表現の重複型はよく見られる現象である。逆に、相手の立場に立って、恩恵の受け手の角度から第三者に依頼する場合は、例(11)が示すように、重複型「もらってください」を使用する。

(10)　おめでとうの言葉は私よりも選手やチームのスタッフに言ってあげてください。

　　你与其向我祝贺，不如向球员和球队职员祝贺。

(11)　美容室で直してもらってください。

　　去美容院请人修整一下。

続いて、下記の例(12)～(14)を見てみよう。例(12)～(14)はやりもらい補助動詞として使われており、「与える+恩恵」の意味合いを表す重複型である。それぞれ尊重の度合いが異なり、やりもらい動詞と同じであるため理解しやすい。

(12)　あの若造に、自分が悪かったと反省させるチャンスを与えてやってください。

　　给那小子一个机会，让他反省自己错了。

(13)　「お父さんの立場を理解してあげてくださいな」母はそう答えるのが精一杯であった。

　　“你要理解你老爸的立场。”母亲只能那样回答。

(14)　何よりお子さんのことを考えてさしあげてください。

请您首先为自己孩子着想。

(15) 1曲ブームの島唄が入っているので、身の回りのisを使っている人に聞かせてもらってください。

有一首 THE BOOM 的岛歌，请你身边使用 is 的人让你听一下吧。

例(12)～(14)に比べてみると、「～させていただいてください」[10]は、「使役+恩恵(やりもらい)+恩恵(やりもらい)」を表す重複型となり、いっそう関係が複雑になるがゆえに分かりにくいわけである。また、二人称への敬意が比較的に低いため、例(15)のように「～させてもらってください」がより多く使われる。「～させてもらう」自体は「自分の行為を相手の許可の下でする」という意味であるが、さらに「～てください」が持つ「恩恵の受け取り」を通して表すことで、二人称の人物に対して、文中にいない三人称の人物へ依頼するように求める意味合いに変わる。従って、「与える+恩恵」重複型には一人称と二人称があることに比べて、「使役+恩恵(やりもらい)+恩恵(やりもらい)」重複型はさらに第三者の三人称も含む。この第三者の三人称はしばしば文中に明示されておらず、中国語に見られない日本語の構文的特徴の一つだと言えよう。

また、「～させていただいてください」のようなやりもらいの重複型構文では、やりもらい関係の制約を受けているため動詞の文法的機能も影響される。一人称二人称三人称が同時に現れる必要がある特殊な構文だが、人称との対応関係から分析すると、“请你求他让他答应你的请求吧”といったやりもらい関係であることが分かる。

4.2 やりもらいと使役

やりもらい表現の上にさらに使役表現が加わると、関係がより複雑な構

10 「～させていただいてください」と例(15)は、後述(4.2)となる使役とやりもらいの組合せ型として捉えることもできるが、本稿では日本語の構文的特徴をより際立たせるため、1つの構文に多様なやりもらい関係が存在する「重複型」として扱う。

文[11]になるので、中国語母語話者の学習者にとって難しいわけである。筆者自身も「専四」[12]過去問解説指導の際、毎回、

「もしもし、交流課の田中です。山田さん、いらっしゃいますか。」

「あいにく席を外しておりますが、後ほど、折り返し電話をさせて（A.　くださいます B. くれます C. あげます D. いただきます)。」

というような問題になると、多くの中上級学習者の「苦戦顔」を目にする。また、教育現場で次のような興味深い現象に出くわしたこともある。学習者が自己紹介をする際に、ほとんど「自己紹介させていただきます」を使い、「自己紹介させてください」を使う学習者はいなかった。これは恐らく、前者が固定用法として覚えられ、後者がまだ使いこなされていないということなのだろうか。

このようなやりもらいと使役表現の組合せた構文は、すべて「使役+やりもらい」の順となる。やりもらい補助動詞の制約を受けることにより、使役表現がもつ「強制」や「誘発」の意味は非常に薄められ、話し手が「放任」の許可を求める意味合いとなる。中国語の対訳として、“让我(做某事)吧”という構文になる。

「～ていただきます」と「～てください」が示すように、どちらも自分が恩恵の受け手であるという意味合いを表しているが、「～ていただきます」では、主語（は/が）が恩恵の受け手で、補語(に/から)が恩恵の与え手になる。一方、「～てください」では、主語（は/が）が恩恵の与え手で、補語（に）が恩恵の受け手である。しかし、使役関係が加わると、助詞と恩恵の受け手との関係が変化してしまう。コンテキストが明らかである場合は、受け手を省略するとよりシンプルで簡潔になる。

(16)　その小説が書き上がったら、おれに読ませてくださいよ。

那篇小说写好时让我看看。

11　「使役やりもらい文」と呼ぶ先行研究もあるが、本稿はこの用語を使用しない。
12　中国で行われる「大学日本語専攻生四級能力試験」の略称である。

（17）その土地を彼らに相続させてくださったのです。
　　让他们继承了这块土地。

（18）思いがけずあなたがご自分の話を聞かせてくださった。
　　没想到您给我讲了您自己的故事。

（19）いつか、そこに入っているノートを読ませてくれますでしょ。
　　总有一天会让我看看里面的笔记本。

（20）面倒くさいから割愛させてもらう。
　　因为麻烦就此割爱。

（21）もう時間がありませんので終わらせていただきます。
　　时间关系到此为止。

（22）わたしはここへ残らせてもらう。
　　我留在这儿。

（23）私はよく授業参観をさせてもらう。
　　我经常参观教学。

上記の例文を見てみよう。例(16)の「おれに」が省略可能であるが、例(17)の「彼らに」は省略できない。なぜなら、「彼らに」が省略されると、恩恵の受け手は一人称になるからだ。例(17)の使役表現は「放任」の意味合いで、「強制」の意味合いを強調するならやりもらい補助動詞を取り、「その土地を彼らに相続させたのです(硬让他们继承了这块土地)」という構文になる。また、例(18)と例(19)は、どちらも中国語の“让我～”“允许我～”の意味合いを表すが、二つの違いは主語の有無ということだけなのである。特に注目すべきポイントとして、例(19)の構文構造を見てみよう。文中に主語も補語もなく、動詞に関係しているのは目的語のみだが、意味上何の支障も生じていない。即ち、例(16)と例(19)を中国語の対訳で比較してみると、“让我～”と訳せる場合、例(16)の日本語「おれに」も省略可能であると言えよう。

やりもらい補助動詞「～てもらう/いただきます」は通常、例えば「王さんに案内してもらう(让小王带路)」のように、文中には相手へ依頼する補語「に」がついている。補語「に」がないと、情報が不十分になる恐れがある。しかし、例(20)と例(21)の「使役+やりもらい」の場合、一人称の主観的な意志を表しており、補語の必要性は全くない。これは、中国語の対訳から見ても分かることで、動詞肯定文に置き換えることができる。即ち、「割愛させてもらう」は「割愛する」に、「終わらせていただきます」は「終わります」に変換しても問題はない。この特徴は、特に例(22)「残らせてもらう=残る」と例(23)「させてもらう=する」において特に明らかである。

5.　おわりに

本稿では、やりもらい表現に関する基礎研究の一環として、日本語と中国語との対照研究を通じて、日本語のやりもらい表現における構文的特徴をより明らかに捉えるために、BCCWJ の例文に教育現場にあった実例も加えて、「(て)もらう=いただく」を中心に、主に「主語と文の転換」「やりもらいの重複型」「使役とやりもらいの組合せ型」という 3 つの角度から考察を行ってきた。

結論として、まず、主語と文の転換から見られた日中両言語の相違は、日本語と中国語の構文的特徴の違いによるものだと考えられる。人称の位置が変わることによって、構文構造は連体修飾構造に変わるが、やりもらい制約のある日本語では相互の関係について解釈ができる。一方、やりもらい制約の欠如により中国語では構文の意味が構文構造(形式)から強く影響を受けているため、中国語母語話者の日本語学習者は特に構文から名詞句に転換された日本語のやりもらい表現について、人称制約を意識せず単なる構文形式から分析すると誤解しやすい。また、「～てもらう」と「～てくれる」構文において、主語および補語の位置が異なっても、連体修飾語に修飾される場合では両者の違いが全くないことも、中国語には見られない日本語の構文的特徴の 1 つである。

次に、やりもらいの重複型については、恩恵との関係性もあるため、中国語母語話者に困惑させる難点である。特に「～させていただいてください」のような第三者の三人称も含む重複型では、日本語の構文的特徴として、この三人称は形式上明示されないことがよくあるため、一人称二人称三人称、それぞれ人称との対応関係から分析する必要がある。

最後に、使役とやりもらいの組合せ型については、やりもらい補助動詞の制約を受けるため、「放任」の許可を求める意味合いを表す構文構造になっている。恩恵の受け手は一人称、つまり中国語の“让我～”にあたる「私/おれに」は省略可能であること、及び一人称の主観的意志を表す場合に動詞肯定文に置き換えられることは、使役とやりもらいの組合せ型構文の構文的特徴であると言えよう。

なお、本稿で考察できなかった両言語のやりもらい表現におけるテキストレベルの分析、及び中国語母語話者の日本語学習者における使用実態と誤りが生じた要因について分析することも必要であろうが、いずれも今後の課題としたい。

参考文献

奥津敬一郎(1984a)　「授受動詞文の構造—日本語・中国語対照研究の試み—」『金田一春彦博士古希記念論文集』第二巻：65-88.

奥津敬一郎(1984b)　「授受動詞文の意味と文法」《日语学习与研究》1:8-15.

奥津敬一郎・徐昌華(1982)　「『～てもらう』とそれに対応する中国語表現-“請”を中心に-」『日本語教育』46:92-104.

佐々木勲人(2013)　「ヴォイスと主観性」『2013 年中国人民大学・北京大学・筑波大学 3 大学学術フォーラム発表予稿集』:59-62.

佐治圭三(1992)　『外国人が間違えやすい日本語の表現の研究』ひつじ書房.

寺村秀夫(1982)　『日本語のシンタクスと意味 第Ⅰ巻』くろしお出版.

堀口純子(1983)「授受表現にかかわる誤りの分析」『日本語教育』52:91-103.

門和沙日娜(2006)　「日中対照研究 授受表現」『昭和女子大学大学院言語教育・コミュニケーション研究』1:53-63.

楊玲(2008)　『日本語授受動詞の構文と意味』中国传媒大学出版社.

黄美华・孟湘东(1998)〈浅谈日语授受补助动词的汉译问题〉《外语学刊》第 3 期：
92-95.

关于日、汉语“授受”表达的一点思考

The research on benefactive expression of Japanese and Chinese

张　熙宁
ZHANG Xining

要旨 やりもらい授受表現は外国人の日本語学習者にとって習得が難しい。本文では“ベクトル”、“格表記”、“縄張り”三つのキーワードを使い、それぞれ意味論、統語論、語用論の三つのカテゴリーでやりもらい授受表現に対して分析をした。その上、日本語と中国語に特徴のある授受表現の使い方を比較しながら、両言語に於いてのやりもらい授受表現を含めた認知類型学の理論について私見を述べた。

关键词：　授受表达　对照研究　认知语言学

0.　引言

按照语言形态类型学的分类，汉语和日语是分属两种不同类型的语言。汉语是孤立型语言，而日语是粘着型语言。不过从根本上来说，形态类型学的分类是以形态多寡为基本标准的。因此，屈折语、粘着语和多式综合语是形态丰富型的语言、即形态性语言。而汉语是没有形态变化的语言，或曰非形态型语言。汉语和日语这种语言类型学上的不同，就从根本上决定了这两种语言在各种语法范畴上的实现方式和手段的不同。

总的说来，“授受”这一认知范畴，在日语中形成了整齐划一，并具有强制性的句法范畴和一整套的句法手段。而在汉语中，“授受”这一认知范畴则以不同的词汇、句法手段乃至语用手段来表达，并没有构成一个句法范畴，也没有形成一套统一的、具有强制性的句法手段。

基于上述理念，本文首先分别对汉语和日语“やりもらい”范畴的表达做出具体描写，然后在此基础上，探讨汉语和日语“授受”范畴表达的认知机制。

1.　日语的“やりもらい”表达

1.1　やりもらい表达是日语中一种很独特的表达人际关系的句法范畴，在其他语言里我们很难看到类似的句法范畴。这主要是由于日语的やりもらい表达是一个涵盖多层次，多领域的语义内涵的句法概念。

一般说来，句子是由命题和情态共同构成的。而像性（gender）、数（number）、格（case）、时（tense）、体（aspect）、人称（person）、式（mood）、模态（mode）、语态（voice）等句法范畴是表达句子的命题部分或情态部分的单一语义特征的句法范畴。不过，与上述表达单一语义特征的句法范畴不同的是，日语中的やりもらい这一句法范畴表达的是多层次，多领域的语义和语用意义的。这可简单概括为：

a 作为授受动词所表达的物的位移（物的授受）：

(1) 田中さんが辞書をくれました。

b 作为授受辅助动词所表达的事件的指向授受（事件的授受）：

(2) その仕事は李先生にやってもらいました。

c 作为辅助动词所表达对人关系（尊敬体）的授受：

(3) 田中先生に教えて頂きます。

d 作为辅助动词所表达的恩惠得失授受：

(4) 彼はきっとやってくれる。

a 类为物的移动，作为授受动词使用；b 类表达事件的关联指向，作为辅助动词表达事件的指向；c 类是句子命题外要素，表达上下、尊谦人际关系；d 类也是作为辅助动词使用的，表达恩惠得失。因此，a 类是动词的语义特征，是命题内要素；b 类涉及全句所表达的事件；c 类和 d 类是句外语用要素，涉及说话人、听话人以及第三者之间的人际关系和利害得失。由此可见，日语的やりもらい表达是一个涉及多层次，多范畴的句法范畴。

1.2 对于やりもらい（授受）句法表达，日本语学界已有很多深入的研究（参见刘宁暉 2022）。这启发了我们从言语认知类型学的角度审视やりもらい（授受）表达。我们认为やりもらい这一言语行为似可从“矢量”，“格标”，“辖界”这三个角度进行观察。下面仅以テアゲル、テモラウ、テクレル这三类表达为对象，从“矢量”，“格标”，“辖界”这三个角度对やりもらい表达进行初步描写。不过，这里的描写不涉及敬语，谦让语等对人关系的语用现象。

1.2.1 语义层面 的“矢量”

我们一般都认为やりもらい是用于某种物质或者行为的授受表达。既然是授受表达，那么就一定会有其物质或者行为动作移动方向的变化，因此我们在这里用了“矢量”这个概念来进行分析。但需要注意的是，我们这里的“矢量”并不是物理学上的所指，而是话者的视点或者心态所产生的“矢量”。我们在这里称为Vektor(V)。

这里，让我们看一下“矢量”在日、汉语表达中的不同。

（5）我借了小王三百块钱。

在汉语中，这句话可以理解为“我从小王那里借了三百块钱”，也可以理解为“我借给了小王三百块钱”。就是说，“三百块钱”的移动方向是双向的。而产生这种现象的原因主要取决于动词。但是，对于日语来说，动词分为及物动词和不及物动词（即自动词和他动词），而やりもらい作为辅助动词用于动词之后，这种“矢量”表达就要通过不同的辅助动词来实现。例如：

（6）私は王さんに三百元を貸してあげた。　　私→王さん
我借给小王三百块钱。　　（→表示矢量方向，下同）

（7）私は王さんに三百元を貸してもらった。　　王さん→私
我从小王那儿借了三百块钱。

（8）王さんが私に三百元を貸してくれた。　　王さん→私
小王借给了我三百块钱。

又如：

（9）太郎が見知らぬ人にお金をあげた。　　太郎→見知らぬ人
太郎给陌生人钱。

（10）太郎が見知らぬ人にお金をもらった。見知らぬ人→太郎
太郎从陌生人那儿得到了钱。

（11）見知らぬ人が太郎にお金をくれた。　　見知らぬ人→太郎
陌生人给了太郎钱。

这就是说，日语的やりもらい的“矢量”一定都是单方向。当然日语中有“相互动词”例如“ 殴りあう”、“出会う”等。 由于语义上的制约，这类动词不能接受やりもらい做辅助动词。

关于やりもらい的“矢量”性，大江三郎先生（1975）提出过“視線の軸”的概念。而久野暲先生（1978）在继承大江所提出的定义的基础上，提出了“カメラアングル”、“共感度”、“発話当事者の視点ハイアラーキー”3个原则。即：

a 共感度（Empathy）文中の名詞句の指示対象Xに対する話し手の自己同一視の度合い。　（久野 1978、P134）

b 視点の一貫性：単一の文は、共感度関係に論理的矛盾を含んでいてはいけない。（久野 1978、P136）

c 発話当事者の視点ハイアラーキー：話し手は、常に自分の視点を取らなければならず、自分より他人寄りの視点を取ることが出来ない。（久野 1978、P146 ）

我们上文中所提出的矢量原则，与久野（1978）中提到的“視点の一貫性”的概念有相似之处。但“视点”的概念只是一个“点”，而授受表现一般更注重物质或行为动作的变化过程，呈现“线”的认知特征。因此，我们认为“矢量”的概念更能反映やりもらい表达中行为动作的方向性。

1.2.2　语法层面的“格标”

汉语是一种无格标记的语言，日语是具有强制性格标记的语言。（比如

主格ガ、属格ノ、対格ヲ、位置格ニ、共格ト、起点格カラ、具格デ等）在やりもらい表现上，日、汉语言具有不同的句法内涵。先请看例句：

（12）私は彼女にプレゼントをあげた。

我给了女朋友礼物。

日语中这句话的格关系为：

私——主格　　彼女——与格　　プレゼント——対格

V（主格）→ V（非主格）

这就是说在テアゲル时，矢量由主格到非主格（本例中为与格）

（13）私は彼女にプレゼントをもらった。

我从女朋友那里得到了礼物。

本句的格关系为：

私——主格　　彼女——与格　プレゼント——対格

V（主格）← V（非主格）

这就是说，テモラウ时，矢量由非主格（本例中与格）到主格。

（14）彼女が私にプレゼントをくれた。

我女朋友给了我礼物。

本句的格关系为：

彼女——主格　　私——与格　　プレゼント——対格

V（主格）→ V（非主格）

这就是说，テクレル时，矢量由主格到非主格（本例中与格）。

关于这一问题，益冈 隆志先生（2021，P100）这样提到：

“テモラウ文は、受領者(recipient)と授与者(giver)がそれぞれ主格と与格の位置を占めるというテモラウ文に対応して、受益者(beneficiary)と与益者(benefactor)がそれぞれ主格と与格の位置を占める。”

（在テモラウ句式，对应于受领者和授予者分别占据主格和与格的位置，受益者和施益者分别占据主格和与格的位置。）

由于日语有着严格的格标记，而やりもらい是与这些格标记相对应的。

因此，在理解了矢量的方向性后，如能进一步理清上述的格配置，那么我们就能对日语的やりもらい表达有更深入的理解。

1.2.3　语用中的“辖界”

“辖界”这一概念是指因不同的やりもらい表达而引起说话人、听话人以及话中人之间的利害关系的变化图景。我们之所以用“辖界”这一概念，是为了能更清晰地表达在对话中当事人的立场和心态变化。

一般地说やりもらい不仅仅能用在一对一的场合，也可以用在一对多数或者多数对一的场合，在复数的情况下，やりもらい更能表现出话者的心态、立场和界域。

这里我们设定一位丈夫陪他的爱人去医院看病，但因某种原因医生没能给他们看病这样的场景。这时，我们可以从各种不同的やりもらい的表达方式来判断此时这位丈夫的心理状态。比如：

（15）なぜ診てあげられないの？

意思是：为什么不能给“她”看病。

此时话语的辖界为“丈夫”、“爱人”和“医生”。丈夫在非常客观的角度来问医生为什么不给他的爱人看病。但如此表达会使局面僵硬，故很少会有人这样说。

（16）なぜ診てもらえないの？

意思是：为什么不能给“我”看病。

此时话语的辖界为“丈夫，爱人”和“医生” 即丈夫把他爱人的事情当作自己的事情来考虑。在汉语中不会出现如此的表达现象，但在日语中反而是很普通的，而且这种说法普遍会被选择。

（17）なぜ診てくれないの？

意思是：为什么不给“我们”看病。

此时的辖界为“丈夫与爱人”和“医生”，即男生把女生的事情当作两个人的事情来看待，但这样说多少也会有点埋怨医生的意思。

再比如，我们设定妈妈领孩子回娘家过年，但奶奶没给孙子压岁钱这样

的场景。我们也可以从以下的各种やりもらい的对话中了解到妈妈的立场和心理。比如，妈妈可对奶奶说：

（18）お年玉、あげなかったね。

意思是：没给孙子压岁钱呀。

此时话语的辖界为“妈妈”“孩子”和“奶奶”，妈妈在一个非常客观的立场可对奶奶这样说，但其中多少含有埋怨奶奶没给孩子压岁钱的意思。可如果妈妈对孩子说：

（19）お年玉、もらえなかったね。

意思是：没能拿到压岁钱呀。

此时话语的辖界为“妈妈，孩子”和“奶奶”，妈妈的立场完全站在孩子这边，替孩子遗憾没能拿到压岁钱。不过，妈妈也可对孩子说

（20）お年玉、くれなかったね。

意思是：奶奶没给你压岁钱啊。

此时话语的辖界为“妈妈和孩子”与“奶奶”。 妈妈的立场虽然也在孩子这边，但已经不是同情，而是一种背后责怪奶奶没给孙子压岁钱的心态表示。

由上述的例子，我们可以看到同一场景中的不同的やりもらい的日语表达，具有划分辖界（縄張り）的作用，而不同的表达会使说话人、听话人以及第三者之间呈现了不同场景以及不同的利害关系，表达不同的心态。

2. 汉语的“授受”表达

汉语是非形态型语言，没有日语那样的严格的形态标记。那么汉语是如何表达日语やりもらい句法范畴所表达的语义内涵呢？下面我们将就此做出一些分析。不过，正如我们在上文中所指出的那样，汉语的“授受”表达没有一个统一的或强制性的句法形态和标记，汉语的“授受”表达更多的是通过句式或词汇性手段表达的。

2.1 汉语的授受双宾语句

汉语的“授受”的矢量表达一般是通过授受动词所形成的双宾语句来表

达的。不过，汉语的这种表达一般只是一种客观性的“授受”，这为转化成日语的やりもらい表达提供了可能性。这也就是说，由于汉语没有形态上的やりもらい句法范畴，因此汉语的“授受”表达在句法形式上没有强制性的句法制约。不过，汉语典型的“授受”表达是可以翻译成日语的やりもらい表达的。请看例句：

a 物流类。包括：送、借 ……

（21）我送了她一朵鲜花。

私が彼女に一輪の花をあげた。

（22）他给了我一本词典。

彼が私に辞書をくれた。

b 信息传达类：告诉、通知……

（23）我告诉他一件事。

彼にある事を教えてあげる。

（24）他通知小李开会。

彼が李さんに会議のことを伝えてあげる。

c 知识传授类：教、传授……

（25）老师教我们日语。

先生が私たちに日本語を教える。

汉语的“老师教我们日语”只是一种客观性的陈述。如果要表达日语中的やりもらい的意思，就要如下表达：

（26）老师教我们日语（从老师那里学日语）　（テモラウ）

先生に日本語を教えてもらいます。(頂きます)

（27）老师教给我们日语。　（テクレル）

先生が日本語を教えてくれる。

d 命名类：叫、称、喊 ……

（28）你叫我“小李”吧。

私を小李と呼んでください。

（29）我们都喊他“老王”。

彼がみんなに“老王”と呼ばれている。

在意愿句中，这类句式可有やりもらい表达。如：

（30）大家都叫我“小李”吧。

私を小李と呼んでくれませんか。

（31）我们就叫他“老王”吧。

彼を老王と呼んであげましょう。

e 不如意类：吐、扬、弄……

（32）他扬了我一身沙子。

（33）他弄了我一身泥。

这类不如意“授受”双宾句，同其他双宾句不同，不能有やりもらい的转化。

*（34）彼に砂ぼこりにしてもらいました。

*（35）彼が泥だらけにしてくれました。

2.2 使役功能词

使役功能词是可以表达日语やりもらい句法范畴的词语，这些词语通常会构成兼语句式。包括：请、让、叫、等等，都包含やりもらい义。请看例句：

请：（36）请小王解释一下。

王さんに説明してもらいましょう。

让：（37）让小李去干那份工作吧。

あの仕事は李さんにやってもらおう。

叫：（38）叫他回去吧。

彼に帰ってもらおう。

一般说来，“请/让/叫＋第三人称＋行为动词”的格式一般都可有やりもらい表达。如：

（39）请他来吧。

彼に来てもらいましょう。

（40）让小王去吧 。

王さんに行ってもらいましょう。

（41）叫田中干这个工作吧。

田中さんにこの仕事をやってもらいましょう。

不过，同样是使役动词的“使”却不能有如此功能。如：

（42）地震使大家很吃惊

*地震が皆さんにびっくりさせてあげました。

＊（もらいました。） ＊（くれました。）

究其原因，我们认为是由于“使”字使役句不具有意向性，而“请”、“让”“叫”类使役句具有意向性。具体说就是，“请”、“让”、“叫”类使役句是主观型使役，而“使”类使役句是客观型使役。やりもらい表达具有主观意向性，是话者希冀实现的某种行为。因此从语义搭配上看，“请”、“让”“叫”类使役句可以和やりもらい的表达匹配，而“使”类使役句不具有主观意向性，因此不能同やりもらい表达相匹配。

2.3 “给”系列

表面看来，汉语的“给”似乎对应于日语的やりもらい表达，可其实不然。“给”字在汉语中是一个多义功能词。至少包括如下用法：

a 授受：（43）我给他一本词典。

B 对象：（44）我送给他一本书。

c 目标：（45）我给他带了一本书。

d 被动：（46）孩子给他说哭了。

e“ 把”字句：（47）他给（把）孩子说哭了。

a 授受类表达物的移动，b 类和 c 类可有辅助动词的やりもらい表达。如：

（48）我给你解释一下。

私があなたに説明してあげる。

而d类，e类中的“给”都不是やりもらい表达。d类是“给”的被动用法，c 类是“给”的把字句用法，或曰能动用法。

另一方面，b 类可码化为：V 给 O1O2,，是双宾语句式，也最易于やりもらい表达。一般的说，能表达“移动义动词＋给”的句式都可以有やりもらい表达。如：

（49）小王递给我一个字条

王さんがあるメモを渡してくれた。

（50）我带给他一本书。

私が本を持っていてあげた。

同时，“给＋O”也常用于动词前，形成“给OV”格式。这种格式也易于やりもらい表达，如：

（51）我给他买了几个苹果。

私が彼にリンゴをいくつか買ってあげました。

（52）我给他照了几张相。

私が彼に写真を何枚か撮ってあげました。

2.4 话者意愿句式

话者意愿句式指表达说话人对句中施事行为的意愿句式。比如，足球教练员期待着自己队的球员进球时会说：

（53）他一定会进球的。

彼はきっと点を入れてくれるでしょう。

（54）他不进球，就完蛋了。

彼が点を入れてくれないと、おしまいだ。

这时的意愿不是作为句子主语的球员的意愿，而是句外说话人的意愿。

3. 一点理论思考

从上述简单的描写我们可以看出，やりもらい（授受）的表达，汉语和日语间是有着很大不同的，不存在简单的一一对应的关系。这种不同可简单概括为：

日语：日语的语法范畴之一；有整齐划一的句法形态；涵盖了句法、语义、语用多层意义。

汉语：没有这种句法范畴；通过词汇手段和句式来表达；语用义用词汇性手段表达。

那么如何在理论上解释这种不同呢？我们认为，要阐明这一问题就必须确立认知类型学的理念。传统语言形态类型学把人类语言划分为四类：屈折语（Fusional language），粘着语（Agglutinative），孤立语（Isolating language），多式综合语（Polysynthetic language）。这种划分是以形态的多少为标准来划分的。其实，如果以有无形态为标准来划分的话，可以作如下分类：

形态型语言：屈折语，黏着语，多式综合语

非形态型语言：孤立语

因此，我们可以说，汉语是非形态语言的语言，而日语是形态型语言。既然如此，在日语中，やりもらい的意义是通过テアゲル、テモラウ、テクレル这样的句法形式来表达的。这也就是说，日语通过テアゲル、テモラウ、テクレル的形态摄取和涵盖了人和人之间发生的物流、信息传达、恩惠得失等语义关联。而对于汉语来说，由于汉语没有形态表达手段，因此就只能通过词汇性手段或句型句式的手段来表达日语通过テアゲル、テモラウ、テクレル的形态表达的意义。

类似的现象，在日语和汉语的其他的对照研究中也是存在的。比如，日语中的“有生（ている）”和“无生（てある）”的句法范畴的对立，动作的自他（集まる/集める、閉まる/閉める）句法范畴的对立。而这种在日语中强制性的句法范畴，在汉语或英语中是不存在的。请看例句：

（55）屋子里有两个学生。

There are two students in the room.

部屋に二人の学生がいる。

（56）桌子上有两本书。

There are two books on the table.

机に二冊の本がある。

（57）请把门关上！　　　　（58）门关着呢。

Please close the door.　　The door is closed.

ドアを閉めてください。　　ドアが閉まっている。

上述几例可以说明，不同语言，其句法范畴所涵盖的语义内涵是不一样的。A 语言中的某种句法范畴，在 B 语言中并非一定要用同样的句法范畴来表达。反之亦然，在 B 语言中的句法范畴，在 A 语言中有可能是不存在的，也有可能是通过词汇手段来表达的。

那么，怎样来解释这种在语言对照研究中所产生的不同呢？我们的认识是要确立语言研究的认知类型学的理念。正如张黎（2017）所言，认知类型学认为，即使是同一语法范畴，在不同语言中也会有不同的内涵和不同的句法价值。因为不同语言在表达同一事象时，有着选取的角度，切分的片段，话者的视角以及所摄取的片段的不同所致。对同一事象，有的语言用词汇化的方式表达，有的语言用语法化的方式表达；有的语言是用动态的方式表达，有的语言是用静态的方式表达；有的语言用显性形式表达，有的语言用隐性形式表达；有的语言突显过程，有的语言突显结果。对于同一事象，不同语言所采取的视点、语义的认知策略、句法所摄取的事象片断以及侧重点是不同的。这构成了该事象类型的在特定语言中的语义内涵和句法内涵。

本文所关注的やりもらい表达或“授受”表达的一些语言事实，证实了上述观点。即：从认知类型学的理论看，日语的やりもらい表达构成了一个句法范畴，而且在这一句法范畴中包含了语义、语法，语用等丰富的内涵。而汉语的“授受”表达并没有形成一个句法范畴，汉语是通过离散型的词汇或句式手段来对应于日语的やりもらい范畴所表达的内涵。而之所以日汉语言会有如此的不同，归根结底是由于语言类型的不同。

参考文献

神尾昭雄（1990）『情報のなわばり理論』、大修館書店。

益岡隆志（2001）「日本語における授受動詞と恩恵性」『日本語学』4:26-32。

久野　暲（1978）『談話の文法』大修館書店。

大江三郎（1975）『日英語の比較研究―主観性をめぐって』南雲堂。

刘　宁暉（2022）「日本語授受表現に関する研究概観と今後の課題」言語文化研究、第 1 号 69-86。
张　黎（2017）《汉语意合语法学导论-汉语型语法范式的理论建构》，北京语言大学出版社。

结果宾语结构下汉语动词前位的施恩性【给N】与日语【Nニ/ノ+テアゲル】的对应关系

A Comparative Study between【*Gei*-N】in Chinese and【N*ni/no+teageru*】in Japanese under Resultant Object Structure

王　国强
WANG Guoqiang

要旨　結果目的語構文については、中国語の受益の【给N】が日本語の【Nニ/ノ+テアゲル】の二種類のやりもらい構造に対応可能であると論じられてきた。つまり、受益者は与格受け手と属格所有者の二つの方法から提示できるとされている。しかし、本稿ではこのような【给N】が与格受け手か属格所有者に対応していないことを指摘した。筆者は四つの方面から与格受け手と属格所有者が共起しやすい環境を検討した。具体的には、目的語の産物、産物の受け手、恩恵の与え手（作り手）、および出来事自身それぞれの特徴が、受益者の独立性の認識に関わっているため、格標識の共起に影響を与えていると主張している。

キーワード：産物　给N　受益者　与格　所有者

1.　前言

区别于常规【给N】，当提示受益者[1)]的【给N】出现在结果宾语句中形

---

1 本文重点关注结果宾语结构中动词前位的具有恩惠义的【给N】，【给N】的其它用法，比如，表示使役或被动等用法暂不是本文的关注点。同时，本文也不考虑【给N】对应为其它类授受表达的情况，如同【てもらう】之间的对应等。

成【给N+V+O$_{结果宾语}$】结构时，【给N】的日语形式有实现为与格型授予结构【Nニ+テアゲル】与属格型授予结构【Nノ+テアゲル】[2] 可能。

不过，本文发现，并非所有结果宾语结构中表受益的【给N】都有表征为两种授予结构的可能。本文结合汉语结果宾语结构中提示受益者的【给N】的事件特征及语义角色等，指出了与格标识与属格标识可能共现的条件或背景。

以下首先展示本文的研究结论。

（1）当宾格产物的语义特征具象化时，受益者更适合由与格项来表征。即，当宾格产物成分伴随着明确的范畴性语义特征时，受益者相关的领有功能弱化，只能通过接受者的身份来表征。

（2）当接受者的语义虚化时，受益者更适合由属格项来表征。即，当【给N】关联抽象化授予事件时，如一些虚拟的授予关系时，受益者具有弱独立性，更适合采用属格形式或“ために”等来提示，与格的适用性降低。

（3）当施恩者与制造者的身份不统一时，受益者更适合由属格项来表征。即，当受益者兼顾有创造者的身份时，授予事件与制造事件之间具有重合性，导致其作为接受者的属性被削弱，与格的适用性降低。

（4）当制造事件的制造属性弱化时，受益者更适合由与格项来表征。此时，产物多为信息类产物，受益者的接受者侧面更明确，更适合采用与格项来表征，难以通过属格项或其它成分来表征。

因此，简言之，当受益者的独立性较强时，可以关联常规的授予事实，适合采用与格标识；反之，当受益者的独立性较弱时，难以关联常规的授予事实，属格型授予结构的适用性会更高。

2. 前人研究

2.1 结果宾语结构中【给N】对应为两种授予结构

前人有关结果宾语结构中受益型【给N】与日语对应形式的研究散见于

---

2 本文将【Nニ+テアゲル】称为与格型授予结构，具体还包含【Nニ+テヤル/テサシアゲル】等情况。

各处，其中以杨凯荣（2009）为重要代表。

杨凯荣（2009）指出当核心动词为制作义动词时，【给N】提示产物的接受者兼受益者。【给N】对应的日语如果实现为授予结构的话，至少存在着两种可能，即实现为“与格型授予结构”或“属格型授予结构”。前者提示产物接受者，属格提示领有者。此时，在日语中，“受益者”是语用分析之结果，即，通过与格标识的接受者或属格标识的领有者等间接表征。如（1）所示。

（1）妈妈给孩子做饭。→お母さんが子供ニご飯を作ってヤル。お母さんが子供ノご飯を作ってヤル。　　（楊凱栄2009：3）

但是，杨凯荣（2009）所涉及研究对象主要限于“给N做饭”类，对于“与格型授予结构”与“属格型授予结构”的普遍化适用性并没有做出进一步分析。

事实上，即便是“给N做饭”系列，如果产物“饭”的特征发生变化，两种结构的适用性也是不同的。如（2）所示，与格型授予结构可以适用，但是属格型授予结构未必可行。

（2）妈妈给孩子做西餐。→お母さんが子供に西洋料理を作ってやる。/*お母さんが子供の西洋料理を作ってやる。

另一方面，也可见相反情形，即与格型授予结构难以适用，而属格型授予结构可以适用。如（3）所示。

（3）给他生孩子。→？彼に子供を生んであげる。/彼の子供を生んであげる。

由此可见，虽然汉日之间都蕴含有恩惠关系，但是，并不意味着结果宾语结构中的【给N】都可以同等实现为【与格型授予结构】或【属格性授予结构】。关于这方面，前人研究还有不确定之处。

2.2　两种授予结构实现的条件：产物的可授受性

三宅知宏（1996）指出，并非所有受益结构都可以允准与格项的共现，只有“制作动词”才可以允准与格项的共现[3)]，如（4）所示用例。

（4）花子は太郎に絵を描いてやった/セーターを編んでやった。

（三宅知宏 1996:103）

宋慧仙（2016）则进一步指出，产物“授受性”是结果宾语类受益结构中【N】可以获得与格标识的关键。产物具有“授受性”意味着产物“可以移动”（結果物が移動できる）[4)]。同时，根据前人研究，产物的可移动性并不限于具象物，澤田淳（2007:77）便指出，“产物”也可以是“不可移动”，如“太郎は花子に穴を掘ってあげた”中，授受关系可以发生在“所有权转移”的层面上。

不过，前人研究所关注的是一种“具象化的授受关系”。此时的“授予过程”具有独立性，存在着完整的接受者、完整的施恩者与独立性较高的产物等，因此，相应日语授受结构中受益者可以同时由与格项或属格项来表征。

但是，另一方面，对于汉语结果宾语结构中的【给N】而言，授予事件还存在着“抽象化”授予等多种可能。其中的接受者、施恩者（兼创造者）、产物等则可能缺乏独立性或具有其它方面特征，此时，相应受益者便不能由与格项或属格项来直接表征。总体上，前人研究中对于该类【给N】与日语形式的研究尚不够充分。

3.　关于结果宾语结构下【给N】的基础认知

3.1　结果宾语结构中【给 N】的基础语义—产物的领有者

前人指出结果宾语结构中【给N】的本质语义是提示产物领有者，并认为该领有者属于一种“未来领有者”（杨凯荣2009）。对此，本文的看法是，“未来领有者”的语义角色更多发生在具有转移关系的受事宾语结构中，而

3　受益構文において与格名詞句の生起を許す動詞は、典型的には作成動詞である。(三宅知宏 1996:102)

4　おそらくモノゴトへの働きかけの他動詞の中で、「つくる」のように働きかけの結果物があってその結果物が移動できるような構文、すなわち物の授受性がある他動詞の場合は利益対象を「ノタメニ」でも「ニ」格でも表すことができるのであろう。(宋惠仙 2016)

不是结果宾语结构中。

如（5）所示，a 句中的“车”的未来领有者是“他”，但是 b 句中的“车”不存在未来领有者，当制造行为发生时，“车”的领有者就已经确立了，即便“车”本身是半成品，其中的“领有关系”也是已经预先确定好的。

（5）a 给他买一辆车。

b 给他造一辆车

因此，在结果宾语结构中【给N】一旦出现，领有关系同时确立，此时“领有关系”更是一种“固有领属”。

从领有关系视角来看，【给N+V+$O_{\text{结果宾语}}$】的语义便是“通过创造的手段，让属于【N】的产物现世”。比如，“给他做饭”，便可以转述为“通过制造的手段，让属于他的产物“饭”获得现实状态”。这点与受事宾语结构中表示固有领属关系的【给N】有相似之处。比如，“给孩子洗手”，可以转述为“洗孩子的手”，即，“给孩子的手施加外力作用，让其变干净”。

二者都是向【N】所领有的事物施加外力，让其存在状态发生变化。只不过，二者发生状态变化的方式是不同的，后者是“现实层面的状态变化”，但是前者则是“从意识领域到现实领域之间的跨域变化”。

而与其相关的“接受者”与“受益者”等角色并非固有语义，这些角色可能会随着宾格产物，主格施恩者的语义特征、以及授予事件的特征而发生变化。

因此，基于该特征可知，领有者构成【给N】的底层语义。正是基于此，结果宾语结构中表示受益的【给N】在对应为日语授受结构时，可以通过属格项来表征。

如果以此来看，汉语的【给N】和日语的【Nニ】均应当是属格项前置的结果。即，均是立足于固有的领属关系，将N单独提取出来，赋予受益者或接受者的语义角色。其中，汉语【给N】被赋予“受益者”，而日语的【Nニ】则被赋予“接受者”的语义角色。

3.2　结果宾语结构下【给 N】的浮动语义—产物的接受者

如果【给N】的基础语义是固有领属义，那么，“接受者”语义便是【给N】的浮动语义。原则上，“对于客体的领有”同时意味着“接受者”语义也得到确立。不过，事实并非如此，在汉语中，即便领有关系可以确立，“接受关系”也未必就可以同等确立。

当核心事件为“产物产出事件”，而授予事件具有较强的独立性时，此时领有者的独立性也比较高，也可以转化为纯粹意义上的接受者来看待。即，如（6）所示，此时【给N】可以进入“给NN”的结构中，提示明确的接受者。

（6）给他做饭→给他做了饭，但是没有给他。

→给他饭

但是，与此相对，授予事件可能会受到“产出事件”或其它因素的影响，导致“领有者”具有较强的附属性或者独立性较弱。此时的【给N】，不仅难以取消给予义，而且难以进入【给NN】的形式，如（7）所示。

（7）a? 给他生了个孩子，但是没有给他。

→*给他个孩子

b*给离世的师父画了幅画，但是没给他。

→*给离世的师父一幅画

c*给他举了个例子，但是没有给他。

→*给他一个例子

即，各句中“他”虽然都是产物的领有者，但是自身的接受者侧面发生弱化，不能用以表征受益者。

a 中的“他”是孩子的领有者，但该领有者只是产物的部分领有者，施恩者与“他”之间的关系也不是单纯的“授予关系”，因此并不能转化为纯粹意义上的“接受者”，即，并非“让渡”或“转移”后的“接受者”。

b 中的“师父”也不是真正意义上的“接受者”，而是作为主语的“制造者”所建构的语义内容，其中不存在“让渡关系”。

c 中的“他”也不是常规意义上的“接受者”，此时，信息类产物“例子”虽然发生了转移，但是“例子”的所有权并没有发生转移，也不是真正意义上的让渡关系。

可见，汉语的【给N】所示受益者角色虽然可以关联接受者等语义角色，但是所谓“接受者”，也存在着很多不同的类型。

4. 结果宾语结构下【给N】与日语【Nニ/ノ+テアゲル】的对应关系

【给N】所关联的受益者角色会受到“客体（产物）的属性”“接受者的属性”“施恩者（创造者）的属性”以及“制造事件自身的属性”的影响，进而会影响到日语中格标选择的倾向。以下将从这四方面展开讨论。

4.1 宾格客体（产物）的属性对于格标选择的影响

杨凯荣（2009）指出“给孩子做饭”可以对应为“子供にご飯を作ってあげる”与“子供のご飯を作ってあげる”等两种表达形式。但是，本文发现，并非所有【给N做饭】都可以交替为属格形式。如下所示，当宾格产物为广义的“饭”等内容时，句式确实可以转化为属格形式，但是问题是，当产物的量化信息、名称信息等同时共现时，在相应的日语授受结构中，属格标识的稳定性便会弱化。而进一步，当产物的定性化信息或范畴化信息共现时，属格标识的稳定性又会受到极大影响。

广义产物：给孩子做早餐（子供の朝ご飯をつくってやる）[5)]

量化产物：给孩子做一顿饭（？子供の一回のご飯をつくってやる）

名称化产物：给孩子做酸奶（？子供のヨーグルトをつくってやる）

定性化产物：给孩子做可口的饭菜（*子供のうまいご飯を作ってやる）

范畴化产物：给孩子做西餐（*子供の西洋料理を作ってやる）

由此显示出，【N】作为产物的领有者时，其本身在产物的界定认知中可能是存在排位性差异的。特别是，当产物携带有范畴性信息时，如“可口的饭菜”、“西餐”等能够凸显产物抽象性格时，属格标识的共现将受到排斥。

产物语义信息的具象化意味着，产物自身的“独立认知性”得到了加强，对于其他事物的从属性降低，不再适合通过领有者来直接界定。此时，只能

5 本文中的译文没有标出出处者，均为译者提供的参考译文，下同。

通过与格标识，即，将其转化为“接受者”的形式来表征。如此这般，句式才可获得稳定。

因此，“产物独立性”越强，便越排斥领有结构。这点不仅仅体现在“给 N 做饭”的句式结构中。在之后将要论述的“给 N 生孩子”的相关表达中也可见类似倾向。即如下所示，原本这类句式可以接纳“属格标识”，但是，当产物为“男孩”“女孩”等特征更加明确的产物时，“属格标识”的稳定性也会受到影响。

广义产物：想给他生小孩。→ 彼の子供を生んであげたい。

范畴化产物：想给他生男孩。→*彼の男の子を生んであげたい。

由此可见，不同于杨凯荣（2009）中所述情形，在日语中，客体（产物）的语义特征会进一步影响到受益者的表征方式。

4.2　接受者的属性变化--【给N】提示“虚拟的接受者”

【给N】在结果宾语结构中可以表征产物的虚拟接受者，如（8）所示，制造事实是存在的，但是具象的施恩事实（即，授予事实）则是缺失的。

（8）有一年，他师父去世了，他就用自己造的纸给师父画了幅像，挂在墙上。　（≪日汉互译教程≫：176）

a 译文：ある年、彼の師匠が死んだので、若者は自分の作った紙に師匠ノ肖像を描いてみて、それを壁にかけた。　（同：177）

b 对比用译文：？若者は死んだ師匠に肖像を描いてあげた。

此时，汉语【给N】的表达选择日语的“属格项”，而没有采用与格项来表征。如果采用 b 句与格型授予结构，整体表达的自然度则会有所下降。而且，由于产物“肖像”的独立性较弱，句式反而增加了歧义的可能。

此外，由于接受关系的虚化，受益事实不仅是“产物的授予型受益”，而且还可能是“服务型受益”，因此，对于受益者的标识还存在着【ために】的可能。如（9）所示。

（9）我要给阿 Q 做正传，已经不止一两年了。

a 译文：私が阿 Q のためにに正伝を書く気になったのは、もう一年や

二年のことではない。（中日对译语料库）

在这两例中，由于产物的接受者已经不可能在物理层面上来执行“接受行为”，无法关联至具象的“授予认知”。因此，所谓的受益事实并不是基于“受益者”实际获得“某项产物”所形成的，【给N】中N的接受者属性被大幅度削弱，句式难以对应为日语中的与格标识。

当然，这种句式层面的自然程度也是相对而言，根据部分日语母语者判断，也存在一定分歧的。但是，分歧的存在也例证出本文的判断是具有其价值的，即对于这类“虚拟接受者”而言，如果强行赋予“与格标识”，则有可能将其视为一项“真正的产物接受者”。

4.3 施恩者（制造者）的属性变化--【给N】提示产物的部分领有者

【给 N】在结果宾语结构中可以表征产物的部分领有者。由于有些产物的领有者本身是多重性的。如，孩子与父母之间的关系，父母双方中任何一方都是其部分领有者，此外，家庭中的其他成员也可能成为其领有者。此时，制造事实虽然存在，具象的施恩事实却不存在，只有抽象的施恩事实。而且，制造事实同时被作为抽象的施恩事实来看待，二者能够相互融合。

这种情况尤其表现在【给N生孩子】句式中，对应日语的表达形式，如（10）所示。

（10）事实会是：她在那个人的家里贫苦地生活下去，给他做事，<u>给他生小孩</u>。

a 译文：事実は彼女自身は見も知らぬ男、三十歳か四十歳の男であるかも知れない、そこへいって貧しい生活がはじまる。彼にかしずき、<u>彼の子供を生む。</u>（中日对译语料库）

b 对比用译文：？<u>彼に子供を生んであげる。</u>

此时，【给N】所示“他”并非完整意义上的“领有者”与“接受者”。相关“施恩事实”只能是一种抽象的认知，“给他生小孩”不能简单理解为“生个小孩，然后给他”等伴随有“具象化施恩事实的内容”，毕竟此时的“生小孩”的制造事件并不是单方面的结果，而是双方共同参与的结果，即从绝对的逻辑上来看的，“他”虽然是领有者的一部分，但是其本身也是制造者的一部分。而句中作为主语的“制造者”也不是完整意义上的制造者，更不能称之为一种授予者。因此，在这类句式中，虽有施恩关系，却并非是严格意义上的授予关系。

而且，施恩事实与产出事实之间是重合的，或者说是一种内化的关系，当“生孩子”的事实发生之后，“施恩事实”本身便告结。此时，不存在独立的“接受者”，日语难以用与格来标明该类“接受者”。

不过，需要指出的是，虽然上述情形中与格项可能难以表征受益者，但是，在“给 N 生孩子”的句式表达中，由于领有关系是被强制提取的内容，因此，汉语中，还存在如下表达方式。而这类表达对于与格项的排斥性则会有所降低。

（11）给他们家生了个小孩。（BCC）

　a 对应日语（参考译文）：？彼の家庭に子供を生んであげた。

（12）芋说，妈妈给弟弟生个小弟弟吧。（BCC）

　a 对比用译文：？芋は「お母さんが弟に弟を生んであげようか」と言った。

此时“领有者”的身份薄弱化，有关“施恩事件”自身的独立性却在增强。（12）中“生孩子”的制造事件与“给弟弟一个弟弟”的施恩事件在认知层面存在着一定的“分割性”。即，（11）中的“他们家”与（12）中的“弟弟”等受益者已然不再是“制造者”的一部分，他们具有更强的接受者属性。而且，根据日语母语者判定，此时对应日语采用与格型授予结构时，如 a 句所示，并非完全不能成立。

总之，汉语的【给N】则可以提示这种“弱化的部分领有者关系”，施恩关系是基于话语者视角等强制提取的内容，相关“领有者”自身的独立性比较弱，并非绝对意义上的“接受者”。相关受益者更适合用属格项等来表征，而非与格项。

4.4 创造事件自身属性的弱化--【给N】提示信息的共享者

【给N】在结果宾语结构中可以表征产物的共享者。当产物为信息型产物时，事件主导者会以特定方式将信息进行加工或再创造，然后再传递出去，其中伴随着“弱制造性事件”。此时“制造事件”自身的“制造”属性发生弱化，依附于“信息的转移事件”之上。

在此背景下，N 也是产物的一种“领有者”，只是，不同于其它类型的领有者，此时制造者并不会丢失产物的领有权，而是会与接受者共同领有该产物。即，【N】其实是一种信息的被分享者，或者共享者。

据此可知，信息类产物可以存在独立的接受者，却不存在独立的领有者。因此，该类产物下的受益者可以由与格项来表征，却难以由属格项来表征，如（13）所示：

（13）他在一次吃饭的时候给孩子说起了一个笑话。

a 译文：食事の時子供に笑い話をしてやった。（中日对译语料库）

b 对比用：*食事の時子供の笑い話をしてやった。

即，由于制造事件自身制造属性的弱化，转移事件属性的强化，致使产物独立性更高，如同“位移句”中的“受事宾语”那样，不能被“未来领有者”单独界定，即，如（14）所示，“给他送车”，不能转化为，“送他的车”。

（14）彼に車を送る。→ *彼の車を送る

同样类型句式中，还有“给N做榜样”类句式，由于创造事件自身独立性低，当该类句式表征为日语形式之后，相应表达经常可见三项动词结构，而不是创造动词型结构，如（15）为语料库中所展示的翻译结果。

（15）给青年党员、干部做个榜样嘛，传帮带嘛。

译文：若い党員や幹部に模範を示し、かれらにたいして伝授し、援助し、先導することだ。（中日对译语料库）

还有，随着网络平台的兴起，汉语中“给N点赞”“给N点关注”等语言形式也是非常活跃，“赞”与“关注”等虽然不是严格意义上的“产物”，但却是经过特定手段所产出的某种“信息型新物”。这类表达对应的日语形式一般不会表达为“*彼にいいねを作ってやる”等形式，而是会表达为

“高評価/チャンネル登録をお願いします”等“非创造性动词”结构，受益者【N】的日语表征形式则会被省略。

此外，对于汉语“给 N 举例子”的句式，相应日语表达的自由度则更高。对于该类汉语句式，信息的创造过程与授予过程同步发生，无法关联具象化的授受事实等。“N”既不是产物严格意义上的接受者，也不是产物的真正领有者，而是产物的共享者。如（16）所示。

（16）我给大家举个例子。→？皆さんに例を挙げてあげる/？皆さんの例を挙げてあげる。

此时，日语中采用与格项或属格项来表征受益者都不是自然的表达方式。而且，汉语中此类【给N】也是可以被省略的信息，有时会与“我举个例子”的句式表达之间没有本质性差异。

因此，总体上，“信息被分享者”相关的领有关系与受益关系都是不确切的内容。它们的领有者是多重存在的，我们可以说，分享者是其领有者，被分享者也可以是其领有者。其中也不存在“领属权的转移”，而只有“领属权的共享”，受益者本质上是通过“表目的地的与格项[6]”来表征的。

5.　结论

杨凯荣（2009：34）指出汉语的【给N】属于语法性质的范畴，它主要的语法功能是引介与事名词，语义功能是表述给予义和受益义，前者的具体表现为事物转移的过程，后者的具体表现为利益的转移过程。不管是事物转移还是利益转移用“给”引介的与事名词都是未来领有者，而不是实际领有者。

可见，前人研究对于“领有者”的认知上与本文所示结论具有一定的相通之处，但是，正如本文所关注的结果宾语结构中【给N】的种种用法所示，在“给他做西餐”“给N生小孩”“给N做榜样”等各种用法中，“N”并非

6 关于该句中的与格，三宅知宏(1996:105)指出该与格提示“着点”，也是动词自身语义规定的内容。本文将“着点”与“接受者”看做不同的内容，前者表被动接受，后者则可能在表达主动接受。

常规意义上的“领有者兼接受者及受益者”。

基于此，本文进一步区分了结果宾语结构中【给N】的内涵，指出【给N】所示的语义角色并不都是纯粹的“领有者”角色或“接受者”等角色。它们在对应为日语的授受结构时，存在着相应的倾向，即，当受益者的独立性较强时，适合通过与格项来表征；反之，当受益者的独立性较弱时，适合通过属格项来表征。

参考文献

今井俊彦(2015)「情報伝達を表す動詞の分類について－“V给”構造との関連から－」，『饕餮』第23号：75-87.

徐　昌华(1982)「浅谈日语与汉语中授受动词的对应关系」『日语学习与研究』02：16-19+23.

宋　惠仙(2016)「第三者のやりもらい構文の構造とヴォイス性」，『日本語学』日本語教育学部会.

澤田　淳(2007)「日本語の受益構文の格表示と物の授与性」『言語科学論集』13：71-83.

成戸浩嗣(2015)「日中対照研究方法論(1)-“给・N＋V”表現と「N・格助詞」を用いた日本語動詞表現(上)-」，『現代マネジメント学部紀要』第3巻第2号，愛知学泉大学現代マネジメント学部：77-86.

成戸浩嗣(2015)「日中対照研究方法論(1)-“给・N＋V”表現と「N・格助詞」を用いた日本語動詞表現(下)-」，『現代マネジメント学部紀要』第4巻第1号，愛知学泉大学現代マネジメント学部：21-30.

三宅知宏(1996)「日本語の受益構文について」『国語学』186：1-14.

杨　凯荣(2009)「受益表达的使用条件和领属结构——汉日对比研究」，『日语学习与研究』第5期：27-35.

杨　玲　(2008)《日本語授受の構文と意味》中国传媒大学出版社.

李　晓琪(1994)＜介词“给、为、替”- 兼论对外汉语虚词教学＞，邵敬敏主编≪语法研究与语法应用≫，北京语言学院出版社：265-276.

日本語の「受ける」からみた日本語の「授受動詞」の用い方の特徴の考察

—中国語と日本語の「授受動詞」の相違をめぐって—

An Analysis of the Features of the Usage of "Giving and Receiving Verbs" from the Perspective of *"ukeru"* in Japanese

Focus on the Differences of "Giving and Receiving Verbs" Between Chinese and Japanese

崔　子銘
CUI Ziming

提要　本论文主要通过例句调查，考察了日语「受ける」的各种用法，阐述了和中文的“受”以及带有“受”字的词汇之间的区别，经考察发现，表示受动者的立场的行为可以分为“可控行为”和“不可控行为”，而日语的「受ける」可以同时表示这两种不同的行为，这可以看作是日语「受ける」使用频率高的一大原因。经考察发现这用法是继承了中国古代汉语的“受”的用法，并得以发展的。除了「受ける」，日语中还有许多表示受动者的行为的动词。日语中会把施动者和受动者的行为分得很清楚，用不同的动词来表达。中文里也有表示受动者的行为的动词，但没有日语那么多。中文有一个很大的特点，像“上课”“看病”这样的词可以同时表示施动者和受动者的行为。本论文中对这一类双方向行为的动词进行了详细考察，并分析了译成日语时，除了「受ける」以及其它表示受动者的行为的动词外，还可以用「ニナル」「テモラウ」「受け身」的形式来表达。从而揭示了日语表示受动者的立场的行为的各种表达的主要特征。

キーワード：受ける　日中対照　授受動詞　与え手　受け手

1.　はじめに

現代日本語における授受動詞の先行研究では、一般的に「くれる・くださる・やる・あげる・さしあげる・もらう・いただく」の7語が挙げられるが、大江[1)]（1975）、寺村[2)]（1982）などでは、授受行為を広義に解釈して「ものの移動」という視点からもとらえれば、「貸す、借りる、預ける、預かる、売る、買う、渡す、受け取る」なども授受動詞として捉えることができるとしている。

日本語の「受ける」は使用頻度が高く、意味の幅が広い動詞であることから、中国語母語話者には習得が難しい語の一つとされている。本稿では、日本語の「受ける」と中国語の“受”及び“受”を伴う表現の相違の考察を通し、授受関係を表す「授受動詞」が日本語において豊富である理由の究明を目指す。

2.　中国語の“受”及び“受”を伴う表現で対応できない日本語の「受ける」の用い方

中国語の“受”及び“受”を伴う表現と日本語の「受ける」の用法は、「受教育/教育を受ける」、「接受采访/取材を受ける」、「遭受苦难/苦痛を受ける」、「受到攻击/攻撃を受ける」などのように共通している場合がある。しかし、「感染拡大を受ける」、「電話を受ける」などのような「受ける」は、中国語の“受”及び“受”を伴う表現で対応できない用法である。

本稿では、筆者は『大辞泉』[3)]、『中国語辞典』[4)]、《现代汉语词典(第7版》[5)]などの辞書の例文を考察し、また「現代日本語書き言葉均衡コーパ

1 大江三郎（1975）『英語の比較研究：主観性をめぐって』南雲堂.
2 寺村秀夫（1982）『日本語のシンタクスと意味Ｉ』くろしお出版.
3 小学館大辞泉編集部（2012）『大辞泉』小学館.
4 伊地智善継（2002）『中国語辞典』白水社.
5 中国社会科学院语言研究所词典编辑室（2016）《现代汉语词典（第7版）》商务印书馆.

ス」[6] と“BCC 语料库”[7] から「受ける」に関する例文を抽出し、「受ける」がどのようなヲ格名詞と結びつく場合に中国語の“受”及び“受”を伴う表現で対応できないのかについて調査する。

2.1　対象へのはたらきかけ

a.　「受ける」には「ボールを受ける」のように、「当事者に向かってくる対象をとらえておさめる」ことを表す「ヲ格名詞との組み合わせ」がある。「ミットでボールを受ける『大辞泉』」（用棒球手套接球）という例文では、当事者が自分に向かって飛んでくる「外側」のものであるボールをとらえて手におさめたことを表す。つまり、日本語でより重点が置かれているのは、当事者の「ボールを手におさめた」という行為ではなく、外側にあるものを受け止めるという受け手の立場である。中国語の場合、“受”は“球”のような「運動中の物体」と共起することができないため、通常は“接”という動詞を用い“接球”のように表現し、ものの移動の受け手側の行為を表す。

「風を受ける」という表現は、どのような中国語に訳すべきであろうか。「風を真っ向から受けて波をけたてる。『中国語辞典』（迎风破浪）の「風を受ける」も、「風」という自然現象も当事者に向かってくる対象として当事者の体に当たると考えられる。この場合の中国語訳は“*受风”でなく、“迎风”あるいは“乘风”などのような表現で対応する。なぜならば、日本語では、当事者が受動的な立場において「風」に接触したことに注目するが、中国語では、当事者が「風」という自然現象に吹かれるという受け手の立場に注目するのではなく、「風」によって何が起こるかに注目するためである。

b.　「受ける」は、「診察を受ける」「手術を受ける」などのように、

6 現代日本語書き言葉均衡コーパス（BCCWJ）. https://clrd.ninjal.ac.jp/bccwj/index.html

7 BCC 语料库. http://bcc.blcu.edu.cn/

医療に関する事柄を表す「ヲ格名詞と組み合わせる」ことがある。しかし、中国語の“受”は診察、手術、治療などの医療に関する場面では用いられない。日本語では、当事者が「病気になった」受け手側の患者である場合は「受ける」を用いる。中国語では、当事者が病気になった患者、治療を行う医者のいずれの場合も「治療」そのものに注目する“看病”を用いる。また、中国語では“*受病”とは言わないが、“受”を伴う表現を用いて“接受检查”と言うことはできる。ただし、使用頻度は“看病”よりも低い[8)]。

c. 「受ける」は、「授業を受ける」のように、教育現場で行う具体的な活動を表す「ヲ格名詞と組み合わせる」ことができるが、この場合、中国語では“受”は用いられない。日本語では、当事者が授業の内容を取り込む受け手側の「学生」であれば「受ける」が用いられる。それに対して中国語では、当事者が授業の内容を学ぶ側か与える側かに関わらず、「授業」そのものに焦点を当てる“上课”という表現を用いる。また、「試験」の場合も同様であり、中国語では“*受考试”ではなく、“参加考试”と言う。「指導を受ける」の場合、“接受辅导/被指导”のように、中国語では“接受”、或いは受け身の形で対応する場合もある。

d. 「受ける」は、「説明を受ける」のように、「自分に向けられた行為に対処して応じる」ことを表す「ヲ格名詞との組み合わせ」る場合がある。日本語では、当事者が聞き手として相手の説明を聞く受け手の立場を表す場合は「受ける」を用いるが、その場合、中国語では能動的な行為を表す動詞“听”で対応するのが一般的である。

「電話を受ける」も、当事者が聞き手として受話する受け手としての立場を表すものである。「電話を受ける」という行為は、当事者が自分の意志でコントロールできる動作であるため、この場合、中国語では“受”及

---

8 “看病”、“接受检查”をキーワードとして“BCC 语料库”で検索したところ、それぞれ 11413 例、695 例の用例が見つかった。

び“受”を伴う表現ではなく、能動的な行為を表す動詞の“接”で対応する。

2.2　所有のむすびつき

e.　「受ける」は、「給料を受ける[9]」のように、「差し出されたものを内側に取り入れる」という「ヲ格名詞との組み合わせ」る場合がある。しかし、現代中国語の“受”は“工资”のような「授受関係に関する表現」と共起することができない。中国語訳では“领工资”のように“领”を用いることにより、ものが移動する際の受け手側の行為を表すことができる。「ボーナスを受ける」もそれであり、中国語では通常、“拿津贴”“领奖金”などと表現する。日本語の「金を受ける[10]」は中国語でよく“领钱”と言う。

次に「血を受ける」という表現についてであるが、中国語では“*受血”という言い方はせず、“继承才能”のように“继承”で対応するのが一般的である。「先代の後を受ける」(继承先代衣钵)、「遺産を受ける[11]」(继承遗产)なども それである。

2.3　所有のむすびつき

f.　「受ける」は「緊急事態宣言を受けて〜」のように、「当事者が置かれている状況に影響される」ことを表す「ヲ格名詞との組み合わせ」がある。「『緊急事態宣言』を受けての緊急提言『全国知事会新型コロナウイルス緊急対策部』」（收到“紧急事态宣言”后提出紧急建议）のように、日本語の「緊急事態宣言を受けて〜」の「受ける」の用法は近年、特に使用頻度が高いが、この用法を説明できる学習者はほとんどいない。上層部から

9　「給料を受ける」と言う表現もあるが、「給料を受け取る」の方が一般的である。ただし、中国語訳ではどちらも“领工资”のように“领”を用いる。

10　「金を受ける」と言う表現もあるが、「金を受け取る」の方が一般的である。ただし、中国語訳ではどちらも“领钱”のように“领”を用いる。

11　「遺産を受ける」と言う表現もあるが、「遺産を受け継ぐ」の方が一般的である。ただし、中国語訳ではどちらも“继承遗产”のように“继承”を用いる。

の緊急事態宣言に関する指令を伝達され緊急事態宣言がもたらす影響を認識した上でその指令に対応する、ということを指すと考えられる。そのため、筆者はここでの「受ける」は「指令を受け入れる」や「影響を受け入れる」、「その状況に応じて受け手の対応策を示す」などの意味が含まれていると理解しているが、これは中国語の“受”及び“受”を伴う表現では対応できず、文脈に応じて訳さなければならない。“收到”や“基于这情况”などと訳す場合もある。

「感染拡大を受けて」という表現も同様である。ここでの「受ける」は、上層部からの感染拡大がもたらす影響に対応するための指令を伝達され、それにどのように対応するかを指す。これも中国語の“受”及び“受”を伴う表現には見られない用法である。

g.　「受ける」は、「印象を受ける」「感じを受ける」のように、「当事者があるイメージを覚える」ことを表す「ヲ格名詞との組み合わせ」る場合がある。しかし、中国語の“受”は“印象”のようなイメージに関する名詞と共起することはできない。ここでの「受ける」は、当事者が「見た目」という外部の要因に影響を受け、自分の内部に感性的認識を形成し、特定のイメージを抱いたことを指す。このような場合、中国語では“*受印象”ではなく、“留下印象”、“给人印象”、“有印象”あるいは“得到印象”などのように表現する。

2.4　まとめ

以上の考察から、少なくとも下記の5つの特徴が窺える。

1）現代日本語の「受ける」の持つ意味の幅は現代中国語の“受”より広い。そのため、日本語の「受ける」を中国語に訳す場合、“得到”“收到”“领/领取”“获得”のように異なる動詞で対応しなければならない。また、“受”一語だけでは対応できない場合があるが、“接受”のような“受”を伴う二字漢字の表現で対応することができる場合もある。

2）日本語の動詞の用法において、「物のやりもらい」も含めて、自発的な行動であるのか、それとも受け手の立場であるのかにより、異なる動詞で対応しているという特徴が窺える。日本語では受け手の立場を表す「受ける」の使用頻度が高く、その意味や用い方の幅が広い理由の一端を浮き彫りにすることができる。

3）日本語の「受ける」は受け手の立場を表すと同時に、「電話を受ける」のように、当事者の意志が入っている行為、つまり、当事者が自分でコントロールできる動作を表す場合もある。このような「受ける」は中国語では“受”で対応することができない。

4）日本語の「受ける」は受け身とも関係していると考えられる。「受ける」は「指導を受ける」のように、「ヲ格名詞との組み合わせ」として用いられる場合、その中国語訳は“接受指导”のほかに、“受”を使わず“被指导”のように、“被”を使った受け身に訳される場合がある。

5）日本語の場合、与え手と受け手によって異なる動詞を用いて使い分けているのに対して、中国語の場合は“我去医院看病”や“医生在医院看病”の“看病”や、“学生上课”や“老师上课”の“上课”などのように、与え手と受け手の両方の動きを表すことができるという両言語間の違いが窺える。つまり、日本語では、一方的な行為を表す動詞を用いるが、中国語では、双方的な行為を表す動詞によって対応する場合がある。これに関しては(3)で説明する。

以上のような、現代中国語には見られない日本語の「受ける」の用い方は、古代中国語にも見られるのか否かについて、中国語の“BCC语料库”を利用し、古代中国語の“受”の使用例を調査した。その調査の結果をまとめると、以下の一覧表のようになる。

表 1　古代中国語に由来する日本語の「受ける」の用い方の一覧表

受けるとヲ格名詞との組み合わせ	受ける	受（古代中国語）
対象へのはたらきかけ	ボールを受ける	受箭
	授業を受ける	受业
	説明を受ける	受命
	電話を受ける	✖
所有のむすびつき	給料を受ける	受赏
心理的なかかわり	印象を受ける	✖

現代中国語には見られない“受”の用法のいくつかは、古代中国語では確かに見られた。調査の結果、古代中国語の“受”は、“传道受业解惑[12)]”の“受业”のように用いられ、現代中国語“受”には見られない“上课”のような具体的な教育現場で実践される活動を表していた。他にも、「運動中の物体」を表す“两观当戟，千门受箭[13)]”、「物のやりもらい」の場面において用いられる“请功受赏[14)]”、「自分に向けられた行為に対処して応じる」ことを表す“先生幸教，睢敬受命[15)]”などの使用例も確認できた。

以上のように、現代日本語の「受ける」は古代中国語の一部の用法を受け継ぎ、更に使用範囲を広げたと考えられる。

3.　中国語の与え手と受け手の両方の動きを表す授受動詞の考察

すでに(2)で取り上げたが、日本語の「受ける」は意味の幅が広く、中国語に訳される場合、“受”という一語の動詞や、或いは“接受”のような

---

12 BCC 语料库.《全唐文》. 集藏/文总集
13 BCC 语料库.《周书》. 史藏/正史
14 BCC 语料库.《隋唐演义》. 集藏\演义
15 BCC 语料库.《史记》. 史藏/正史

“受”を伴う二字漢字の動詞で対応できない場合が多いため、異なる動詞で対応しなければならない。中国語には受け手の一方的な行為を表す“领取”“接收”“收取”などのような表現もあるが、それほど数は多くない。

中国語には“上课”や“看病”のような、与え手と受け手の両方の動きを表す動詞が豊富である、という特徴が窺える。それゆえ、受け手の動きを表すことを日本語に訳す場合、「受ける」という動詞を用いることが多いことになる。

次に、中国語では“上课”や“看病”のような、与え手と受け手の両方の動きを表す動詞がどれぐらいあるのかについて考察する。

“上课”、“看病”、“借钱”という双方向的な行為を表す表現をキーワードとして“BCC 语料库”で例文を検索したところ、それぞれ 50104 例、11413 例、4792 例あった。日本語では、与え手と受け手によって異なる動詞を用いて使い分けているが、中国語では、“上课”のような与え手と受け手の両方の動きを表し、両方の立場を表す動詞を用いることが多い。

3.1　中国語では与え手と受け手両方の動きを表す中国語の授受動詞

筆者は、辞書やコーパスから収集した例文[16]に基づき、与え手と受け手両方の動きを表す中国語動詞の分類を試みた。その結果を次の表 2、表 3、表 4 にまとめた。

16　『中国語動詞活用辞典』、『中国語辞典』、「現代日本語書き言葉均衡コーパス」と“BCC 语料库”を利用し、中国語の授受動詞のうち、中国語では与え手と受け手両方の動きを表すが、日本語訳では与え手と受け手によって動詞が使い分けられている使用例を収集して調査した。

表 2　使用頻度が高い[17] 与え手と受け手両方の動きを表す中国語の動詞

中国語の授受動詞	与え手の立場	受け手の立場
上课	外国专家在上课。/外国人専門家が授業をしている。	学生在上课。/学生が授業を受けている。
看病	医生给病人看病。/医者が患者を診察する。	我到医院看病去。/私は病院へ診察を受けに行く。
借钱	我借钱给人。/金を貸す。	我向人借钱。/金を人から借りる。
租	（房东）租出去了。/貸し出した。	（房客）把这几间房子都租过来了。/この数室を全部借りてきた。
（寄）存	（顾客寄存）把自行车先存上，再去买东西。/まず自転車を預けてから買い物をする。	自転車は午後 6 時までしか預からない。/自行车只能寄存到下午六点为止。
调动	领导为了保全自身调动员工岗位。/上司が自分を守るため部下を転勤させた。	①2 年めに，父は転勤になった。/第二年，爸爸调动工作了。 ②意にそわない部署に異動させられて悩んでいた。/因为调到了不称心的部门而感到苦恼。

17　“租”、“寄存”、“调动”をキーワードとして“BCC 语料库”で検索したところ、それぞれ 67000 例、1305 例、37102 例あった。

表 3　医療関係における与え手と受け手両方の動きを表す中国語動詞の調査

中国語の授受動詞	与え手の立場	受け手の立場
打针	医生打针。/医者が注射をする。	患者打针。/患者が注射を受ける。
治	医生在治病。/医者が治療をしている。	（患者）他的病已经治了一年。/彼の病気は既に 1 年にわたって治療を受けた。
做检查	医生做检查。/医者は検査を行う。	患者在医院做检查。/患者が病院で検査を受ける。
抽血	护士在医生不在的情况下抽血。/看護師が医師不在で採血をする。	患者抽血须知。/採血を受けられる患者さまへのお願い。
输血	给病人输血。/病人に輸血する。	我在医院输了血。/病院で輸血を受けた。
（做）移植	（医生）给病人进行肝脏移植。/患者に肝臓の移植を行なう。	我努力说服病人做肝脏移植。/肝臓移植を受けるよう懸命に説得した。
灌肠	助产护士负责剪脐带，灌肠等其他助产护士应当做的任务。/助産師がへその緒を切り，浣腸を施し、その他助産師の業務に当然に付随する行為をする。	为了解决便秘，我（患者）去做了灌肠，又拿了些治便秘药。/便秘解消のため、浣腸をしてもらい、便秘薬をもらって帰ってきた。
做手术	医生做手术。/医師が手術を行う。	病人做手术。/患者が手術を受ける。
开处方	大夫给病人开处方。/医師が患者のために処方箋を書く。	住院病人也是先开处方、交现金，再取药。/入院患者も処方箋をもらって、現金で支払い、薬を受け取る。

表 4　教育関係における与え手と受け手両方の動きを表す中国語動詞の調査

中国語の授受動詞	与え手の立場	受け手の立場
训练	（教官）他正训练他的狗呢。/彼は自分の犬を訓練しているところだ。	士兵正在训练。/兵士はちょうど訓練を受けている最中である。
补课	英语老师经常给学生补课。/英語の先生はいつも学生のために補習をする。	学生补课。/学生は補習を受ける。
面试	（面试官）我经过面试录用了四人。/私は面接して 4 人を採用した。	（被考核的人）面试的时候紧得连话也说不清。/面接を受けたときは緊張して上手く話せなかった。

3.2　受け手の立場を表す表現

次に 3.1 に行った辞書とコーパスの考察の結果を踏まえ、授受動詞[18]などの視点から、受け手の立場を表す言葉がどのような特徴をもつのかについて、4 つに分けて考察する。

a. 受け手の立場を表す場合、「ニナル」の形で表現することができる。以下では、「転勤」を例に説明する。

(1)　2 年めに、父は転勤になった。（『中国語辞典』）
　　第二年，爸爸调动工作了。（『中国語辞典』）

例文（1）では、当事者と考えられる「父」が「転勤」という自分でコントロールできない行為の受けてになったことを表している。中国語で

18 金（2001）は、授受動詞は構文的に「与え手」「受け手」「対象」の三つの項に分かれると指摘している。

は、当事者が上司という立場から部下の社員を転勤させたり、あるいは部下の仕事の内容を変えたりするなどのように、自分でコントロールできる行動を取ることを表す場合、また当事者が一社員として仕事内容や勤務先を自分でコントロールできない状態に置かれている場合のいずれも“调动（工作)”を用いる。つまり、中国語では当事者の立場には拘泥せず、動作そのものに注目しているものと考えられる。それに対して、日本語では、当事者である社員に視点が置かれ、「上司に転勤を命じられる」という当事者が自分でコントロールできない状態に置かれていることを表し、当事者の意思を表す「転勤する」でなく、受け身を表す「転勤になる」が用いられる。つまり、「転勤になる」当事者は、勤務地や仕事の内容を選択できないということを示しており、この場合、「ニナル」は受け手の立場を表していると言える。しかし、中国語には「ニナル」のような受け手の立場を表す表現は少なく、“调动”のような双方向的な表現を通して受け手の立場を表す。

一方、「指導部は大量の幹部を農業を支援するため転勤させた『中国語辞典』」（上级调动大批干部支援农业）のように、上司が部下に対して命令を下す行為を指す場合、中国語では“调动”という双方向的な行為を表す表現を用いるが、日本語では使役表現を用いて表現される。

b. 受け手の立場を表す場合、「される」のような「受け身」の形で表現することができる。

(2)　かつては、ある職に配属されると、国による指令がない限り、いくら職場が気に入らなくても、自ら求めて転職することはめったになかった。（BCCWJ）
在过去，一旦调动到某个职位，除非有国家的命令，否则很少有人会主动要求跳槽，即使对工作岗位再不满意也是如此。（筆者訳）

(3)　意にそわない部署に異動させられて悩んでいた。（BCCWJ）

因为调到了不称心的部门而感到苦恼。（筆者訳）

例文（2）は、当事者であると考えられる「社員」が、「転勤」という行為について「自分から上司に働きかけるのではなく、上司からの働きかけを受ける」という意味を持つものである。「a」ですでに述べたように、当事者が働きかける側の上司であるか、働きかけられる側の社員であるかにかかわらず、中国語では“调动”を用いることが一般的である。これに対して、日本語では、当事者である社員に視点が置かれ、「上司からの働きかけを受ける」という、外からの働きかけを受ける受け身の立場を表す場合、当事者の意思が入る「転勤する」ではなく、「配属される」「転勤される」のような表現が用いられる。また、「配属される」は「転勤になる」と同様に、当事者が勤務地や仕事の内容をコントロールできないということを示している。このような場合、「される」のような受身表現は受け手の立場を表していると言える。また、例文（3）の「異動させられる」も同様に、「使役受け身」のような受身表現によって、当事者が受け手の立場であることを指している。

一方、「子供は他人に影響されやすい」という表現は、「子供は他人の影響を受けやすい」に言い換えることができる。さらに、この場合の「される」はコントロールできないということを示している。2.4 の結論と組み合わせて見ると、受け手の立場を表す行為は「コントロールできる」と「コントロールできない」という二種類に分けられるが、どちらも「受ける」を用いることができることが判明した。

c. 受け手の立場を表す場合、「テモラウ」の形で表現することができる。

（4）　病院へ診てもらいに行く。（『中日大辞典』）
　　　到医院看病去。（『中日大辞典』）

（5）　便秘解消のため、浣腸をしてもらい、便秘薬をもらって帰って

きました。（BCCWJ）

为了解决便秘，我去做了灌肠，又拿了些治便秘药。（筆者訳）

例文（4）は、「対象」である「治療」が「与え手」である医者側から「受け手」である患者側に移動していることを表すと考えられる。中国語では、医者が患者を診察する場合も患者が病院に診察を受けに行く場合も、いずれも「病気を治す」という意味を表す“看病”を用いる。それに対し、日本語では、当事者である患者側に視点が置かれ、患者が病院に診察を受けに行くことを表す。この場合、「対象」である「治療」が「受け手」である当事者、つまり患者側に移動することを表す「テモラウ」を使い、受け手の立場を表している。例（5）の「浣腸をしてもらう」も同様に、「テモラウ」という形によって、当事者が受け手の立場であることを指す。つまり、「診てもらう/看病」のような日本語の授受関係において、「対象」が「受け手」に移動することを指す表現が受け手の立場を表すことができる。

d. 受け手の立場を表す場合、当事者に向けられた行為を当事者の「自分の内側」に視点が置かれることを表す動詞で表現することができる。

（6）　自転車は午後 6 時までしか預からない。（『中国語動詞活用辞典』）

自行车只能寄存到下午六点为止。（筆者訳）

（7）　この数室を全部借りてきた。（『中国語動詞活用辞典』）

把这几间房子都租过来了。（『中国語動詞活用辞典』）

例文（6）では、「自転車」という「対象」が「与え手」である持ち主から「受け手」と考えられる預かる側に移ることになる。中国語においては、自転車の所有者や自転車の移動方向とは関係なく、全て“（寄）存”を用いる。これに対して、日本語では当事者である預かる側に視点が置かれており、人から頼まれて自転車を保管することを表すため、「預かる」を用いている。つまり、「預かる」は当事者に向けられた行為について、当事者の「内側」に視点を置いた表現であり、「預かる」は受け手の立場を表していると考えられる。また、例文（7）も同様に、当事者の「内側」に視点が置かれ、「対象」である「部屋」を「与え手」から一時的に借り入れることを表し、受け手の立場を指すものである。つまり、「当事者の内側」に視点が置かれることを表す様々な動詞により、受け手の立場を示すものである。

一方、当事者が与え手の立場の場合、日本語では「金を銀行に預ける」のように、一方向的な意味を表す「預ける」によって表されるが、中国語では“存”という双方向的な意味を持つ表現を用いて“把钱存银行里”のように訳すことができる。

3.3　まとめ

以上の考察から下記の 4 点が明らかになった。

1）「受け手の立場」を表す行為は、「コントロールできる」と「コントロールできない」の 2 つに分けることができる。また、日本語の「受ける」はそのいずれも表すことができるため、「受ける」の使用頻度が高い理由の一つと考えられる。

2）中国語において、「受ける」に対応する表現は、一方向的な意味を持ちながら受け手の立場を表す“领取”“接收”“收取”などのような表現は存在するものの、その数は多くない。一方で、中国語には多くの双方向を表す表現があるという特徴が見られ、また“调动”“看病”などのような双方向的な行為を指す表現で受け手の立場を表す場合もある。このような双方向性の表現を日本語に翻訳する際には、「ニナル」「テモラウ」あるいは「受け身」などの形で受け手の立場を表すことができる。

3）日本語では、「預かる」と「預ける」などのように、同じ漢字を含む和語動詞のペアが存在し、当事者が受け手の立場に置かれているのか、それとも与え手の立場に置かれているのかが明確である。また、このような動詞ペアが同じ漢字を含むのは、日本語の授受動詞が古代中国語の動詞[19]に由来し、与え手と受け手両方の動きを表す特徴を受け継いでいるためであると考えられる。

4）中国語では、同じ授受動詞で与え手と受け手両方の動きを表すことができる。一方、日本語では、与え手と受け手によって異なる授受動詞を用いらなければならない。これが、日本語において授受関係を表す「授受動詞」が豊富である理由の一つと考えられる。

参考文献

【中国語文献】

郭力　（2011）〈授受动词与汉语“给”“得到”的视点差异〉《辽宁教育行政学院学报》第 28 期：84-88.

沈政燮（1986）〈“貸す”’ 和“借りる”的用法浅谈〉《日语学习与研究》第 5 期：31-32.

【日本語文献】

大江三郎（1975）『英語の比較研究：主観性をめぐって』南雲堂.

奥田靖雄（1983）「を格の名詞と動詞とのくみあわせ」『日本語文法・連語論（資料編）』：21-149.

河村静江（2017）「日中同形語と授受動詞のコロケーションに関する誤用について」『同志社女子大学大学院文学研究科紀要』第 17 号：35-48.

金珉秀　（2001）「授受動詞の意味論的研究―『もらう』『買う』『借りる』を中心に―」『日本語と日本文学』第 32 号：1-17.

志波彩子・早津恵美子・茶谷恭代・前田直子（2020）「奥田靖雄構文理論の継承と

19　古代中国語では、同じ動詞が与えることと受けることという二つの対立する意味合いを同時に表せる場合“施受同辞”と呼ぶ。

発展；奥田靖雄のヲ格連語論―他動性構文としての継承と発展」日本語学会2020年度秋季大会（オンライン）.
田中裕幸(2009)「授受動詞の統語論」『商学論究』第57号：185-199.
寺村秀夫(1982)『日本語のシンタクスと意味 I』くろしお出版.
前田直子(2021)「敬語表現と文法」『待遇コミュニケーション研究』第18号：52-67.
劉煜　(2020)「授受動詞『もらう』の方向性における本質」『日本言語文化究』第5号：31-32.

授受補助動詞とヴォイス助動詞の相互承接について

The Interconnection between Giving / Receiving Auxiliary Verbs and Voice Auxiliary Verbs

施　葉飛
SHI　Yefei

提要　本文旨在通过中日对照，探究日语中授受补助动词“てくれる”、“てやる”与被动、使役语态助动词“（ら）れる”、“（さ）せる”的相互承接特征，并对其进行原因分析。首先，从以上助动词・补助动词 v 本身所蕴含的方向性特征出发，提出其各个形式相互承接的问题。其次，通过语料库调查，了解现代日语当中以上助动词・补助动词相互承接的形式分布及其使用特征，并在此基础上探讨与其相对应的汉语形式。最后，从中日对照的视角出发，分析两种语言中各形式分布的显著差异，并阐述其成因。

キーワード：授受補助動詞　ヴォイス助動詞　日本語　中国語　相互承接

1.　はじめに

本稿は、授受補助動詞（「てくれる」「てやる」）[1] とヴォイス助動詞（「（ら）れる」、「（さ）せる」）の相互承接について考察するものである。

現代日本語は次の（1J）～（3J）のように、ヴォイス助動詞と授受補助動詞を重ねて使用することが可能である。

1 両形式の本動詞用法や敬語用法は本稿の考察から除外する。また、「てあげる」を「てやる」の同一形式とみなし、「てやる」のみを取り上げる。

（1）J：買わされる　　J′：*買われさせる[2]
　　C：被N2[3] 使／让N3 买　　C′：使／让N2 被N3 买
（2）J：買ってやってくれる　　J′：*買ってくれてやる
　　C：替／为N1 给N3 买　　C′：替／为N3 给N1 买
（3）J：買わせてくれる　　J′：*買ってくれさせる
　　C：替／为N1 使／让N3 买　　C′：使／让N3 替／为N1 买

ここで、主動詞をV、主動詞前後一つ目の助動詞・補助動詞をv1（用例においては一重下線）、二つ目の助動詞・補助動詞を v2（用例においては二重下線）とする。v1 と v2 の配列には一定の制限が見られる。例えば、（1J）のように、使役と受身の承接は「V（さ）せ（ら）れる」となり、（1J′）「V（ら）れ（さ）せる」の形式には基本的にならない。また、補助動詞間や、助動詞と補助動詞との承接に関しても、（2J）と（3J）のように、「Vてやってくれる」、「V（さ）せてくれる」の形式が頻繁に使用されているのに対して、（2J′）の「V てくれてやる」、（3J′）の「V くれ（さ）せる」の形式はほとんど見られない。一方、以上の各承接形式に対応する中国語の形式を考えると、中国語では（1C）～（3C）の配列も存在すれば、（1C′）～（3C′）の配列も許容される。つまり、日本語のように、v1 と v2 の配列順による構文の制限は見られない。

本稿では、日中対照の視点から、上記のような助動詞・補助動詞の相互承接の特徴を解明することを目的とする。最初に、2 節では助動詞・補助動詞相互承接の問題点及び先行研究を確認し、研究・調査方法を提示する。次に、3節では、『BCCWJ-NT』を用いて、方向性の違いによる各形式の相互承接の分布実態を調査する。その上で、対応する中国語形式の有無を考察する。4 節では、調査結果から、日中対照研究の立場から日本語の助動

2 分析対象語句に付された「*」は、その表現が文法的に容認されないことを表す。「？」は該当用例が不自然であることを表す。
3 数字は話者にとっての共感度を簡略的に示すものである。なお、ここで重要なのは、N1 と N1 以外の名詞項（つまり、話し手側と非話し手側）の違いである。

詞・補助動詞の相互承接の分布の特殊性を分析する。最後に、5 節はまとめを行う。

2.　先行研究

本節では、日本語の授受補助動詞とヴォイス助動詞と（以下、総じて「v ヴォイス」[4] と称する。）の相互承接の問題点及び先行研究を中心に見ていく。

2.1　問題提起

周知のように、日本語述部の文法カテゴリーは、一般に相対的な位置関係、あるいは、階層構造が認められている。

((((((命題）ヴォイス）アスペクト）肯否）テンス）モダリティ）

【図 1】日本語文法カテゴリーの階層（仁田 2002 を参考に作成）

【図 1】で示したような異なったカテゴリーの形式間の相互承接だけではなく、同一階層にある形式同士でも互いに承接することが可能である。中でも比較的多く取り上げられているのがアスペクト範疇とモダリティ範疇のものである。実際、ヴォイス範疇にある助動詞・補助動詞同士でも重ねて用いる[5] ことが可能である。

---

4 早津（2019）は能動文、使役文、受身文を中心的なヴォイスとみなし、「てもらう」文と「てやる」文・「てくれる」文などを、「原動・受身・使役からなるヴォイス体系を恩恵性の面で補っている」周辺的なヴォイスとしている。本稿で取り扱う「(ら）れる／（さ）せる」や「てくれる／てやる」は中心と周辺の違いはあっても、広く「ヴォイス」に属する。

5 ここでいう承接とは、単なる並列、逆接、継起的な連結などではないことを断っておく。

子供の面倒を見　　させ　　＋　　られ　た。

V　　v1　　v2

このような相互承接には一定の制限が課されている。例えば、「させてくれる」の形式が頻繁に使用されているのに対して、「くれさせる」の形式は容認されない。また、使役と受身の承接は「させられる」となり、「られさせる」の形式にはならない。実際、論理上、ある主体の受身（被動）状態を他者が働かせるという出来事の想定は十分あり得るが、「田中が二郎に対して、［二郎が殴られる］ことを強制する／実現させる」意味を表す「田中が二郎を殴られさせる」[6]のような形式は、日本語においてほとんど認められない[7]。

2.2　先行研究

現代日本語の動詞複合体における各形式間の相互承接について、これまでに多くの研究がなされている（森山 1988、風間 1992 など）が、v ヴォイスの枠組みで相互承接を取り上げる研究は僅少である。宮地（1965：30）は授受補助動詞の相互承接について、「「てやる・てくれる・てもらう」三者の組み合わせは、六種に及ぶはずだが、実際には、「書いてくれてやる」「書いてくれてもらう」とは共通語で言わない。」という不均衡性を早い段階で指摘している。その他、紙谷（1975）などの研究もあるが、いずれも授受補助動詞のみを対象とした理論的な議論であり、ヴォイス範疇内で通ずるようなより広い視野での特徴の説明がなされていない。

6 本稿で用いる用例は、断りがないものは作例である。日本語の実例は『BCCWJ-NT』から収集している、中国語の用例は主に『BCC 語料庫』やネット記事から収集している。

7 なお、田原（2005）によると、「させ」には放任／受忍の「させ」という用法があって、「山田さんはみすみす（／むざむざ）息子を組員に殴られさせた。」のような文例が稀に成立する。

3. 調査

そこで、本稿は日本語の v ヴォイスの方向性から出発して、相互承接の制限を実証的に考察する。

3.1 調査方法

具体的には、v ヴォイスを「求心型」と「遠心型」の 2 グループに分けて、それぞれの組み合わせの分布実態を調査する。まず、「方向性」を確認する。現代日本語のヴォイス助動詞、そして授受系補助動詞には、程度の差はあるものの、話し手を原点として、求心型と遠心型の対立（求心型とは非話し手側から内への方向性を持つ動作であり、遠心型とは話し手側から外への方向性を持つ動作である）が顕著である。（図 2 を参照）

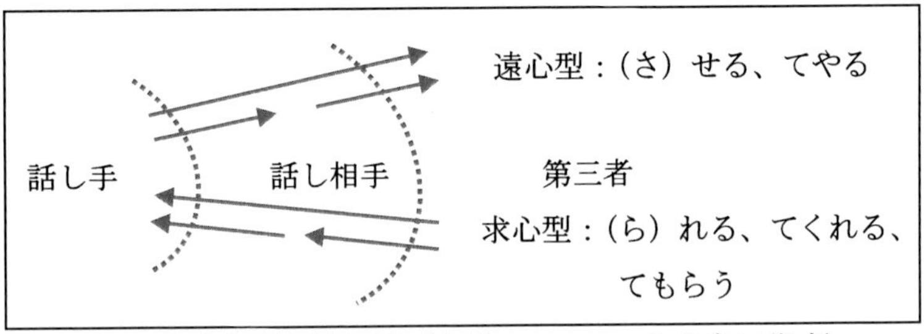

【図 2】求心型と遠心型（寺村 1982：134 を参考に作成）

本稿では v ヴォイスを話し手側へ向かうことを典型とした「（ら）れる、てくれる」と、話し手側から非話し手側へ向かうことを典型とした「（さ）せる、てやる」[8] と分け、それぞれの組み合わせによる 4 つのパターン（V＋v 求心＋v 求心、V＋v 求心＋v 遠心、V＋v 遠心＋v 求心、V＋v 遠心＋v 遠心）の用例分布を『BCCWJ-NT』で調査した。

8「てもらう」は、働きかけ（引き起こし手）用法が使役に近く、遠心型とも解釈できるため、本稿で煩雑な議論を避けるため、考察を割愛する。

3.2　調査結果

日本語のｖヴォイスの相互承接の用例分布は次の【表 1】のようになっている。

【表１】ヴォイス的助動詞・補助動詞の相互承接

			v2			
			求心型		遠心型	
			（ら）れる	てくれる	（さ）せる	てやる
v1	求心型	（ら）れる	-	1	0	2
		てくれる	0	-	0	0
	遠心型	（さ）せる	3822	2644	-	854
		てやる	0	181	1	-

以下、各グループの調査結果を確認していく。手順としては、まず、日本語の各形式の用例件数や代表例を考察する。次に、日本語と構造的に対応する中国語の用法[9]（次の表 2 を参照）の成立状況を確認する。

【表 2】　日本語のｖヴォイスに対応する中国語の形式

日本語	中国語
（ら）れる	「被」「叫」「让」など
（さ）せる	「使」「叫」「让」など
てくれる	「给」「为」「替」など
てやる	「给」「为」「替」など

9　中国語の場合はｖが介詞（前置詞）と位置付けられ、介詞フレーズの形で動詞の連用修飾語になる。日本語と違って、動詞の直前直後に接続することが少ないため、用例の網羅的な調査が困難である。また、中国語の授受ｖは、日本語のように、語彙レベルで方向性が含意されておらず、常にｖ以降の名詞項の関係序列から方向性の判断をしなくてはならない。そのため、一部の中国語表現の文法性判断は筆者自身の内省による。

3.2.1　第一グループ：求心＋求心

v ヴォイス相互承接の第一グループ（表 1 の左上部分）は 2 パターンがあり、用例分布は次のようになっている。

【表 3】

求心＋求心			
（ら）れてくれる	1 例	てくれられる	0 例

3.2.1.1　（ら）れてくれる（1 例）

「（ら）れてくれる」の用例は 1 件検出された。

(4)「ペギーをいじめているのかい、カズー？いい子だね」「しようもない動物よ、とことん」わたしは手を出し、一度でいいから、カズーがこの手の下にきて、**撫で**<u>られてくれ</u>ないかと思った。

(エリザベス・マクラッケン著『ジャイアンツ・ハウス』)

(4) の「（ら）れてくれる」の意味は、おおよそ「『猫のカズー』が「私」に撫でられる」出来事を「私」が実現してほしい」というものであろう。通常、使役「（さ）せる」に「てくれる」を承接する形式、つまり「撫でらせてくれる」の形式を取ることが多いが、ここであえて「（ら）れる」を選択したのは、意志性を薄めて、「猫」を無情物かのように表現したいためと考えられる。

「（ら）れてくれる」に対応する中国語は次のような 2 タイプが予想される。タイプ A は、「V＋v1＋v2」の構造内で一つの名詞項を 2 回選択したものである（具体的な意味役割は不問とする）。上記の「撫でられてくれる」で例示すると、v1 の「（ら）れる」と v2 の「てくれる」はいずれも名詞項の「私」にかかるものである。一方、タイプ B は会話参与者以外の第三者を取り入れるものであり、v1 と v2 は異なった名詞項を選択する。筆者の内省判断によれば、上記日本語用例に対応するタイプ A の中国語は非文となり、第三者を導入したタイプBの中国語用例は概ね容認される[10]。

（ⅰ）-中国語：**A　N2＋给／为／替 N1＋被 N1＋V**　×

例：小李（给／为／替我（被我打））了一顿。　×

B　N2＋给／为／替 N1＋被 N3＋V　○

例：小李（？给／为／替我（被人打））了一顿。　○

3.2.1.2　てくれられる（0例）

「てくれられる」の尊敬用法は検出されたが、ヴォイス範疇の用法ではないため、本稿では考察対象外とする。「てくれられる」に対応する中国語の2タイプは以下のようなものが予想されるが、いずれも容認されない。

（ⅱ）-中国語：**A　N1＋被 N2＋给／为／替 N1＋V**　×

B　N1＋被 N2＋给／为／替 N3＋V　×

3.2.2　第二グループ：求心＋遠心

ここで、第二グループ（表1の右上部分）の用例分布を確認する。第二グループには4パターンがある。（表4を参照）

【表4】

求心＋遠心			
（ら）れさせる	0例	（ら）れてやる	2例
てくれさせる	0例	てくれてやる	0例

3.2.2.1　（ら）れさせる（0例）

コーパスデータから、「（ら）れさせる」の相互承接は見当たらない。一方、対応する中国語の2タイプは次のように、いずれも問題なく成立する。

（ⅲ）-中国語：**A　N1＋使／叫／让 N2＋被 N1＋V**　○

B　N1＋使／叫／让 N2＋被 N3＋V　○

10　「给」と「为」／「替」との容認度の差についての考察は別稿に譲る。

（5）我们都是耶和华的见证人。上帝不会让他死的，我决不能**让他被**别人的血**染脏**。…（我々は皆、エホバの証人だ。神様は彼を死なせない。私は決して他人の血で彼を汚すことをさせない。…）

（西德尼·谢尔顿『世无定事』）

3.2.2.2　（ら）れてやる（2 例）

「（ら）れてやる」の相互承接は 2 例検出された。

（6）獲物自身がアイヌに捕へられるときには、其の人柄を選択し心の正しい者、獲物自身が最も気持よく送られるだろうと見える者に、**捕えられてやる**のだと信じられている。

（鶴見良行（著）『ナマコ』）

（6）の用例は、「（ら）れてくれる」の孤例（5）と同じく、通常 v1 には使役の「（さ）せる」を使用することが多い。つまり「捕えらせてやる」の形式の転用と見られる。「（ら）れてやる」に対応する中国語の形式は次のように、B タイプしか成立しない。

（ⅳ）−中国語：	**A**	**N1＋给／为／替 N2＋被 N2＋V**	×
	B	**N1＋？给／为／替 N2＋被 N3＋V**	○

（7）宋九征指着自己脸上的伤痕，骂道：“我还**替你被人打**了一顿。那一千万算是医药费。”（宋九征は自分の顔の傷を指さしながら、怒鳴りました。「お前の代わりに殴られてきたんだ。その 1000 万は医療費だ。」）

（清歌暮雪『都市医道狂仙』）

3.2.2.3　てくれさせる（0 例）

「てくれさせる」の相互承接の使用例は見当たらないが、これに対応する中国語の 2 タイプは次のように問題なく成立する。

（ｖ）−中国語：	**A**	**N1＋使／叫／让 N2＋给／为／替 N1＋V**	○
	B	**N1＋使／叫／让 N2＋给／为／替 N3＋V**	○

（8）平时和父亲来大都在上林春茶座上，只喝茶，可我十分羡慕喝红红的樱桃水的，我便**让他给我**买一瓶…（普段、私は父親と一緒に上林春の茶店に行き、お茶を飲むことが多いです。しかし、私は赤いさくらんぼのジュースを飲む人々をとても羨ましく思っていて、それで父親に一本買ってもらいました…）

（『人民日报』：1993）

3.2.2.4　てくれてやる（0例）

「てくれてやる」の用例は確認されなかった。一方、「てくれてやる」に対応する中国語は次のように、Bタイプしか成立しない。

（ⅵ）−中国語：A　N1＋给／为／替 N2＋给／为／替 N1＋V　×

B　N1＋给／为／替 N2＋给／为／替 N3＋V　○

（9）我们在**为公司给客户生产**、加工产品时，我们已经把自己完全融入到了自己的角色中了。其实我们都忘了我们同时也是消费者。（会社のためにお客様向けの製品を生産・加工する際、私たちは自分たちの役割に完全に没頭している。実際、私たちは常に自分たちも消費者であることを忘れてしまっている。）

（『weibo』記事より）

3.2.3　第三グループ：遠心＋求心

第三グループ（表1の左下部分）の用例分布は次のようになっている。

【表5】

遠心＋求心			
（さ）せられる	3822例	（さ）せてくれる	2644例
てやられる	0例	てやってくれる	181例

3.2.3.1　（さ）せられる（3822例）

コーパスデータから、「（さ）せられる」の相互承接は多くの用例がある。

（10）武蔵野病院なる名の精神病院に太宰が**入院させられ**たのは、パビナール中毒を根治するためである。

（野原一夫（著）『太宰治結婚と恋愛』）

なお、(10) のように、日本語の「(さ) せる」と「(ら) れる」は同一会話参与者（名詞項）を選択しており、主にAタイプを取っている。これに対して、「(さ) せられる」に対応する中国語の「让」と「被」は次の B タイプのように、異なった参与者（名詞項）を取らなくてはならない。

(vii) −中国語：A　N1＋被 N2＋使／叫／让 N1＋V　×

B　N1＋被 N2＋使／叫／让 N3＋V　○

(11) 那个小池塘也因为我四岁时候失脚跌入的缘故，被祖父叫人填塞了。(あの小さな池も私が 4 歳の時に足を滑らせて、中に転落してしまったことから、祖父の指示によって埋められました。)

（巴金『家』）

3.2.3.2　(さ) せてくれる (2644 例)

「(さ) せてくれる」の相互承接の例も多い。

(12) そのコックさんがわたしのファンでね、どんなときでも好きなだけ食べさせてくれるのよ。

（五木寛之（著）『四季・奈津子』）

なお、「(さ) せてくれる」も前例の「(さ) せられる」と同様に、タイプAをとる傾向があり、タイプB しか成立しない中国語と対立している。

(viii) −中国語：A　N2＋给／为／替 N1＋使／叫／让 N1＋V　×

B　N2＋给／为／替 N1＋使／叫／让 N3＋V　○

(13) “你给我让他走, 别掺和我家事”（「君、彼を去らせてくれ、俺の家庭事情には関与してほしくない。」）

（『weibo』記事より）

3.2.3.3　てやられる (0 例)

コーパスデータから、「してやる」のような慣用表現は検出されたが、これはヴォイス範疇の相互承接ではないため、本稿では考察対象外とする。「てやられる」に対応する中国語の形式はいずれも容認されない。

（ix）−中国語：**A　N1＋被 N2＋给／为／替 N1＋V**　×

B　N1＋被 N2＋给／为／替 N3＋V　×

3.2.3.4　てやってくれる（181 例）

「てやってくれる」の相互承接は 181 件確認された。

（14）ホテルの駐車場に駐めてあるんだ。もしよかったら、あの車を彼女に返してやってくれないか。

（サラ・ウルフ（著）／高橋豊（訳）『死の長い鎖』）

一方、この形式に対応する中国語は次のように、B タイプとしてしか成立しない。

（x）−中国語：**A　N2＋给／为／替 N1＋给／为／替 N1＋V**　×

B　**N2＋给／为／替 N1＋给／为／替 N3＋V**　○

（15）南有，能帮个忙么？替我给她发个消息…（南有、お手伝いしてもらえる？代わりに彼女にメッセージを送ってくれ…）

（https://www.sohu.com/a/425200056_379313）

3.2.4　第四グループ：遠心＋遠心

第四グループ（表 1 の右下部分）の用例分布は次のようになっている。

【表 6】

遠心＋遠心			
（さ）せてやる	854	てやらせる	1

3.2.4.1　（さ）せてやる（854 例）

コーパスデータから、「（さ）せてやる」の相互承接は 854 件確認された。

（16）食べさせてやっても何でもないことです。

（小嶋昇／清水光雄（著）『心に残るとっておきの話』）

なお、日本語の「(さ) せる」と「てやる」の承接はタイプ A をとる傾向があり、タイプ B しか成立しない中国語と対立している。

（xi）−中国語：A　N1＋给／为／替 N2＋使／叫／让 N2＋V　　×

B　N1＋给／为／替 N2＋使／叫／让 N3＋V　　○

（17）爸爸拉着我的手说,叫我**替他让妈快乐活着**,但是那个时候他其实已经病糊涂了。（父親は私の手を握りながら、母親が幸せに暮らせるように言いましたが、その時点では実際には彼はすでに病気で朦朧としていました。）

（https://www.nan6.com/article/55943.html）

3.2.4.2　てやらせる（1 例）

「てやらせる」の相互承接は次の 1 件のみが確認された。

（18）蓮香はますますいとおしく思い、桑に言って（李氏を、筆者注）**抱いてやらせ**たが、いくらゆすっても目を覚まさない。

（蒲松齢（著）／立間祥介（訳）『聊斎志異』）

この用例は中国語の原文（使役文）を訳者が日本語に直訳したことによると考えられよう。なお、「てやらせる」に対応する中国語は次のように、タイプ B しか成立しない。

（xii）−中国語：A　N1＋使／叫／让 N2＋给／为／替 N2＋V　　×

B　N1＋使／叫／让 N2＋给／为／替 N3＋V　　○

（19）病床上，带着氧罩的他都不忘记让子女给老伴儿买爱吃的点心。（病院のベッドで酸素マスクをつけているときでも、妻のお気に入りのお菓子を買うよう子供たちに言いつけることを彼が忘れることはなかった。）　　（『weibo』記事より）

4.　考察

本節では、用例調査による日本語の用例分布（表 7）と、筆者の内省による中国語の用例分布（表 8）を比較して、日本語 v ヴォイスの相互承接の特徴を分析する。

【表 7】日本語の分布

	（ら）れる	てくれる	（さ）せる	てやる
（ら）れる	－	△[11]	×	△
てくれる	×	－	×	×
（さ）せる	○	○	－	○
てやる	×	○	△	－

【表 8】中国語の分布

	被	给／替 N1	使／让	给／替 N2
被	－	○	○	○
给／替 N1	×	－	○	○
使／让	○	○	－	○
给／替 N2	×	○	○	－

前節の記述や【表 7】、【表 8】から、日本語と中国語には「ヴォイス的な動詞事象を埋め込み文にして、さらにヴォイス化することが可能である」「使役用法に関わる相互承接が活発である」などの共通性が見られる。ここでは、主に両言語の使用分布の相違を中心に論じる。

まず、方向性との関係性（方向性による両言語の承接の違い）を見る。

【表 7】から分かるように、日本語においては、方向性の組み合わせによって、「（求心＋遠心）＜（求心＋求心）＜（遠心＋遠心）＜（遠心＋求心）」という用法分布の不均衡性がある。ここで特に注目されたいのは、（遠心＋求心）グループと（求心＋遠心）グループ（【表 7】と【表 8】の編み掛け部分）の非対称性である。日本語では、ヴォイスに関わる助動

11 用例数の極めて少ないものを「△」とする。

詞・補助動詞を重ねて使用する場合、遠心型タイプの外部に求心型タイプを配置させる傾向が見られる。一方、中国語ではこのような方向性による配置の非対称性が見られない。

日本語の特徴の原因について、本稿では v の意志性に関係すると考える。遠心型動詞事象は、話し手側から外側へ発するものであり、話し手側にとっては通常意志的な動詞事象である。一方、求心型動詞事象は、話し手側に向かうものであり、話し手側にとっては非意志的な事象（いわゆる「ナル型」）である。非意志的動詞事象は非対格動詞[12]（例：「落ちる」「流れる」）と平行しており、ヴォイス化することが困難である。故に、日本語においては、求心型タイプ v の外側に、遠心型タイプの v を配置することができない。これは「落ちる」「流れる」などの V に遠心型の「サセル、テヤル」を承接できない現象と類似する。

では、なぜ中国語においては、第二グループのように、「N1＋使／让 N2＋被＋V」、「N1＋给／替 N2＋被＋V」、「N1＋使／让 N2＋给 N1＋V」、「N1＋给／替 N2＋给／替 N1＋V」の「求心＋遠心」構造が成立するのだろうか。これは中国語が日本語のように、話し手側をデフォルトにするという視点構図がなく、話し手側と非話し手側の関係がより対等であり、求心型の出来事でも俯瞰的に捉えることが可能なためだと考える。

次に、両言語の名詞項の選択の違いを分析する。ここでは、形式ごとにタイプ A とタイプ B に分けて考察する。(【表 9】【表 10】を参照)

前述したように、タイプ A は、「V＋v1＋v2」の構造内で一つの名詞項を 2 回選択したものであり、タイプ B は会話参与者以外の第三者を取り入れ、v1 と v2 が異なった名詞項を選択するものである。

12　非能格動詞と非対格動詞は Perlmutter & Postal（1978・1984）が提唱した「非対格性」という概念に基づいた自動詞の分類方法である。その詳細について、本稿では影山（1996）の和訳を参照した。

【表 9】日本語におけるタイプ別の分布

	(ら)れる		てくれる		(さ)せる		てやる	
	A	B	A	B	A	B	A	B
(ら)れる	–		△	×	×	×	△	×
てくれる	×	×	–		×	×	×	×
(さ)せる	○	×	○	×	–		○	×
てやる	×	×	×	○	×	△	–	

【表 10】中国語におけるタイプ別の分布

	被		给／替 N1		使／让		给／替 N2	
	A	B	A	B	A	B	A	B
被	–		×	○	×	○	×	○
给／替 N1	×	×	–		○	○	×	○
使／让	×	○	×	○	–		×	○
给／替 N2	×	×	×	○	×	○	–	

日本語は、【表 9】に示すように、タイプ B よりも、タイプ A として成立するものが多い。一方、【表 10】を見ると、中国語ではタイプ A の用法はほとんど見られない。両言語は次の「V+（さ）せる+（ら）れる」構造が示すように、タイプ別での成立状況が逆転している。（表の太字の部分も参照）

タイプ A –（20）J : 私は田中に人を**殴**ら<u>せ</u><u>られ</u>た。　○

C : 我<u>被田中让／叫我</u>打人了。　×

タイプ B –（21）J : 私は田中に人に**殴**ら<u>せ</u><u>られ</u>た。　×

C : 我<u>被田中让／叫人</u>打了。　○

ここで、v1 と v2 の親密度を考えてみよう。タイプ A では v1 事象と v2 事象に時間差が観察されず、二つの助動詞・補助動詞事象が一つに合成されたように捉えられる。事実、「させられる」「させてくれる」などの日本語表現はいずれも一つの意味単位で中国語に訳されている。一方、タイプB では、v1 と v2 が選択する名詞句が異なるため、両事象の間には時間差があり、形式や意味の融合が生じていない。そのため、タイプ B を選択する中国語は v1 と v2 の親密度が日本語の対応形式より低いと結論づけられよう。具体的な原因の考察は別稿に譲るが、ここではタイプ A とタイプ B の逆転現象を指摘し、中国語母語話者が母語の転移によって、誤った日本語「V＋v1＋v2」形式を選択する一因になることを提示しておく。

5.　おわりに

以上、本稿は日本語のヴォイスに関わる助動詞・補助動詞の相互承接の特徴を用例調査によって明らかにした。また、日本語における構文の成立環境や対応する中国語形式の有無を観察し、日中両言語の v ヴォイスの相互承接の相違を中心に考察した。日本語では、ヴォイスに関わる助動詞・補助動詞を重ねて使用する場合、遠心型タイプの外部に求心型タイプを配置する傾向が見られる。一方、中国語ではこのような方向性による配置の非対称性が見られない。さらに、日本語の「V＋v1＋v2」の構造内において、「同一名詞項を 2 回選択することができる」という特殊性があり、第三の名詞項目を取り入れる中国語と対立している。このような差異の説明は学習者の理解を促進させるために重要であり、今後、更なる分析が期待される。

参考文献

風間伸次郎(1992)「接尾型言語の動詞複合体について」宮岡伯人(編)『北の言語；類型と歴史』241-260 三省堂.
影山太郎(1996)『動詞意味論：言語と認知の接点』くろしお出版.
紙谷栄治(1975)「補助動詞「やる・もらう・くれる」について」『待兼山論叢 文学篇』(8) 1-18.
寺村秀夫(1982)『日本語のシンタクスと意味 I』くろしお出版.

仁田義雄(2002)　「日本語の文法カテゴリー」飛田良文・佐藤武義(編)『現代日本語講座 5』明治書院.

早津恵美子(2019)「日本語のヴォイス」『語学研究所論集』第 24 号 1-16　東京外国語大学語学研究所.

宮地裕　(1965)　「やる・くれる・もらう」を述語とする文の構造について」『国語学』(63)21-33.

田原薫　(2005)　「「カリスマつまみ食い」論文作法の戒め：使役構文の分析を例として」『ニダバ』(34)175-184　西日本言語学会.

【用例出典】

国立国語研究所『現代日本語書き言葉均衡コーパス(通常版)BCCWJ-NT』

https: //chunagon.ninjal.ac.jp/bccwj-nt /search

北京语言大学大数据与语言教育研究所《BCC 语料库》

http: //bcc.blcu.edu.cn

その他は直接記載

編集後記

日中対照言語学会から『日本語と中国語のやりもらい表現』をお届けいたします。2020 年 12 月 20 日(日)に開催された拡大理事会(オンライン)で『日本語と中国語のやりもらい表現』の特集号を出版することが決まりました。しかし、諸般の事情により、原稿を本格的に募集し始めたのは 2022 年 6 月 18 日でした。

本論集には特別寄稿が5本あり、投稿論文が12本ありました。そのうち、5 本の投稿論文が不受理または不採用となりました。最終的に掲載されたのは日本と中国の **12** 名の研究者が執筆した **5** 本の特別寄稿と **7** 本の投稿論文です。本論集に掲載された論文は、日本語のやりもらい表現に焦点を当てるものもあれば、中国語、または日中両言語の対照に焦点を当てるものもあります。どれも、日本語と中国語のやりもらい表現について、先行研究を踏まえ、様々な視点から豊富な実例を使い考察した労作です。

本論集がやりもらい表現に関する日本語、中国語または日中両言語や翻訳を研究している皆様に対し、少しでもお役に立つことができれば、執筆者・編集者一同にとって何にも勝る喜びであります。

本論集または個別的な論文の内容などについて、何かご意見やご感想などがありましたならば、直接執筆者、あるいは出版社を通しても構いませんので、ぜひご指導・ご教示ください。

最後に、本論集の出版にあたって、経費などの面では、これまでどおり白帝社社長佐藤和幸氏より多大なご支援を戴き、編集などの面では、同社の岸本詩子氏に大変お世話になりました。心から感謝の意を表します。

2024 年 2 月 16 日

特集編集委員会

英文目次

Special Contribution

Contrastive Studies in Japanese and Chinese

Studies in Japanese

執筆者紹介(掲載順)

工藤真由美	大阪大学名誉教授
早津恵美子	名古屋外国語大学教授
村上三寿	言語学研究会
高橋弥守彦	大東文化大学名誉教授
邊　玉潔	中國人民大學文學院
龍　國富	中國人民大學教授
古賀悠太郎	台湾・静宜大学副教授
戦　慶勝	鹿児島国際大学教授
譚　昕	
张　熙宁	神戸市外国語大学大学院
王　国强	北京科技大学講師
崔　子銘	京都外国語大学大学院
施　葉飛	中央大学兼任講師

日本語と中国語のやりもらい表現

2024年3月30日　初版発行

編　者　日中対照言語学会
発行者　佐藤和幸
発行所　白帝社
〒171-0014 東京都豊島区池袋 2-65-1
TEL 03-3986-3271／FAX 03-3986-3272
https://www.hakuteisha.co.jp

Printed in Japan　ISBN 978-4-86398-589-6

中国語における"把"構文の研究
―連語論の視点から

小路口ゆみ 著　連語論に基づき、現代中国語における"把"構文を考察。"把"の客体、述部における動詞及び「その他」の部分、「"把"構文の主体」の特徴を中心に分析する。さらに、「"把"＋空間詞」、「"把"構文における使役表現」、「"把"構文における副詞の位置」について取り上げ、"把"構文が担う機能とその存在理由の解明を目指す。◆5000円

現代中国語の反語文・疑問文に関する研究
―日中言語対照及び音声学の視点から

曹泰和 著　序章／第一章 中国語の「否定疑問文」／第二章 反語文の"不是…吗"について／第三章「"是不是"NP／VP」疑問文の意味的特徴及び語用論的機能／第四章"还不是"構文の「予期・反予期」機能について／第五章 反語文の"不就是…（吗）"構文について／第六章 疑問を表す"什么"の意味機能について／第七章 否定の意味を表す"什么"構文についての考察／第八章"哪儿"型疑問文・反語文の音響音声学的特徴に関する研究 ◆4000円

汉语敬语研究

戦慶勝 著　中国語の敬語の本質は尊厳的関心、審美的関心を満たすことにあるという仮説を踏まえ、体系的に整理する。各種の敬語形式の役割分担や意味特徴について豊富な具体例を提示しながら解説。全文中国語 ◆5091円

日本語と中国語の副詞

日中対照言語学会　「必ず」の意味のありかたをめぐって（鈴木泰）／日本語の使役文における副詞によるV-（サ）セルへの修飾（早津恵美子）／応答発話における副詞「たしかに」の機能について（李丹）／日本の食品テレビ広告におけるオノマトペについて（呂雷寧・郭雅菲）／"一点儿"と"有点儿"の相違について（時衛国）／中国語テキストにおける「"把"構文」の中の副詞の位置について（小路口ゆみ）／中日両言語における副詞について（高橋弥守彦）／"别／不要……（了）"文とその多様な日本語訳（王学群）／汉日否定极性副词的极性敏感特征分析（鄭玉貴）／中国語の副詞"也"の主観化についての研究―日本語の「モ」との対照を兼ねて―（孫宇雷）／副詞加訳（日→中）論（藤田昌志） ◆2800円

中国語の"V着"に関する研究

王学群 著　多くの例文を緻密に分析。動詞の分類という観点を取り入れながら本質を追求する。◆2400円

雑誌 日中言語対照研究

日中対照言語学会 編集　日中両言語の対照および中国語学・中国教育に関する論文を掲載。年1回刊行 ◆2000円
※第25号から誌名が変わりました

白帝社
〒171-0014 東京都豊島区池袋 2-65-1 TEL 03-3986-3271 FAX03-3986-3272
info@hakuteisha.co.jp https://www.hakuteisha.co.jp/ ※価格は税別